KB141748

능력개발이
기회의 시작이다

글 김종득

도서출판
곰단지

변화의 시대, 능력개발이란 무엇인가

2년이 넘는 시간 동안 모든 일상이 코로나로 지배되다시피 했다. 코로나 이전에 발생한 팬데믹은 그동안 만들어 놓은 시스템에 의해 어느 정도 제어가 가능했기에 이번에도 응당 비슷한 수준이겠거니 했다. 그러나 예상을 훨씬 뛰어넘는 기간 동안 코로나에 시달리면서 우리는 이제 삶의 방식을 바꾸지 않으면 안 된다는 것을 알게 되었다.

우리의 생활은 어느새 많은 것들이 바뀌고 있다. 마스크를 쓰는 것이 민얼굴보다 더 익숙해졌고, 직접 얼굴을 맞대고 하는 것이 당연하다고 생각했던 많은 일이 비대면으로도 얼마든지 가능하다는 것도 알게 되었다. 역설적이게도 재앙 같은 팬데믹으로 인하여 먼 곳에 있을 것만 같던 4차산업혁명은 우리의 곁에 바짝 다가와 서서히 형체를 드러내고 있었다.

우리 사회가 '위드 코로나'를 통해 일상 회복을 시작할 즈음인 지난 1년 동안 300개가 넘은 기업을 방문했다. 더 정확하게 말하면 상시근로자가 500인이 넘는 중견기업에서부터 20~50인의 중소기업, 그리고 1~2명을 고용하는 소규모 업종까지 다양한 형태로 운영되고 있는 사업장이다. 주로 정부에서 지원하는 재직자 능력개발사업에 대한 컨설팅과 외국인근로자를 고용하는 사업장의 모니터링을 위한 것이 목적이었으나, 오히려 눈 앞에 펼쳐지는 기업환경의 변화를 너무나 절실하게 실감하게 된 계기가 되었다.

　10년 전 신규인력 양성을 위해 능력개발사업을 도입하던 기업 대부분이 이제는 외국인근로자를 고용하고 있는 상황으로 바뀌었고 이들이 기업의 핵심 인력으로 자리 잡고 있었다. 인력 부족으로 구인난을 겪고 있는 소규모 사업장은 외국인근로자에게 전적으로 의존할 수밖에 없는 것이 현실이다.

　갈수록 출산율이 떨어지고 있는 것을 감안하면 우리 경제를 움직이는 산업인력의 구조적 변화는 더욱 가속화될 것이 분명하다. 이러한 변화의 시기일수록 내가 하는 일의 가치를 높이고 실력을 쌓아가는 것이 무엇보다 중요하리라는 것을 누구나 직감한다. 기업은 미래산업의 패러다임을 정확하게 진단하여 성장기반인 핵심인력을 지속적으로 양성하는 것이 살아남는 방법임을 터득해가고 있다.

이러한 사회변화를 공감하는 모든 분과 함께 능력개발이라는 화두로 고민해보고자 이 책을 썼다. 쉽지 않은 일이었지만 같은 시대를 살아가는 사람끼리 옳고 그름을 떠나 소소한 생각을 나누는 것이 목표이기 때문에 언제든지 또 다른 화두로 다음을 기약할 수 있다는 자신감에서 망설이지는 않았다. 이 쓸데없는 글들이 한 분에게라도 소중한 정보로 전해질 수 있다면 그것으로 이 책은 소임을 다할 것이다.

2023년 1월, 김종득

차 례

제1장

미래산업의 전쟁에서
살아남는 법

4차 산업혁명과 사람의 가치

'4차 산업혁명'이라는 화두는 2016년 1월에 열린 다보스 포럼에서 소개되면서 전 세계적인 이슈로 등장했다. 선진국을 중심으로 한 4차 산업혁명의 물결은 우리나라에서도 침체에 빠진 경제의 새로운 활력을 찾기 위한 성장동력으로 기대되면서 열풍이 불고 있다.

4차 산업혁명을 실감하게 된 계기는 '알파고'의 등장이었다. 세계적인 관심이 집중된 인공지능 알파고와의 바둑 대결에서 바둑계의 1인자 이세돌 9단이 무너지고 말았다. 이세돌의 패배는 앞으로 다가올 초지능 사회에 대한 기대감과 동시에 불안감도 안겨주었다.

우리가 막연하게 느끼는 불안감은 그동안 〈터미네이터〉류의 영화에서 보았던 가공의 상황에서 기인한다. 인공지능으로 무장한 기계가 인간을 지배하는 이야기는 이세돌을 넘어선 알파고를 통해 현실로 재생되었다. 생존과 직결된 일자리마저도 절반가량은 기계가 차지할 것이라는 우려가 점차 실현되고 있는 상황이다.

하지만 4차 산업혁명을 이끄는 핵심은 사람일 수밖에 없다. 전혀 다른 산업이나 분야가 융합하여 새로운 부가가치를 만들어 내는 세상에서 노동환경과 일하는 방식의 패러다임 변화를 이끌어야 한다. 또한 로봇기구개발·3D프린터 자격증 등 4차 산업혁명 분야에 국가기술자격이 신설되고 있듯이, 새로운 일자리의 직무수행을 위해 융합혁명 시대에 걸맞은 테크놀로지 역량 등을 계발하는 노력을 당연하게 받아들여야 한다.

아이러니하게도 최근 100대 기업에서 발표한 인재상을 보면 창의성·전문성·도전정신·도덕성 등 '사람의 가치'를 더욱 중요시하고 있는 것을 알 수 있다. 마찬가지로 첨단 과학으로 움직이는 세상이 가까워질수록 각광받는 영화는 SF가 아니라 〈명량〉, 〈국제시장〉과 같은 사람이 살아가는 이야기이다. 그래서 디지털 인공지능 알파고의 상대로 가장 아날로그적 감각이 뛰어난 이세돌이 선택되어야 했다는 말이 설득력을 얻는다. 알파고에 대한 막연한 두려움보다는 영화 〈명량〉에서 이순신 장군이 절체절명의 위기 극복을 위해 선택한 '두려움을 용기로 바꿀 수 있는' 전술의 지혜가 필요한 때이다.

글로벌 경제전쟁 시대, 숙련기술인의 역할

최근 미·중 무역전쟁이 장기화되고 있는 가운데 일본은 핵심 소재의 수출 규제로 우리나라 경제에 타격을 주고 있다. 양국 간의 정치적인 갈등으로 촉발된 일본 경제보복의 핵심은 반도체와 디스플레이 등 한국의 주력산업이다. 물자 이동의 접근성을 강점으로 오랜 기간 비즈니스 파트너십을 이루어 온 일본이 본격적으로 한국을 견제하기 시작했다는 관점도 있다. 그동안 일본경제와 협력관계에 있던 한국으로서는 위기를 느낄 수밖에 없다. 외국인 투자기업의 40% 이상이 일본계 기업일 정도로 일본과 밀접한 관계를 맺어온 우리 경남의 산업도 양국 간 경제 대결의 영향에서 자유롭지 못한 실정이다.

지금의 상황은 구한말 세계적인 산업화의 흐름을 놓쳐 제국주의에 의한 식민지를 겪은 아픈 역사와도 묘하게 데자뷔 된다. 우리의 독립군 부대가 일본 정규군을 처음으로 대패시킨 전투를 다룬 영화 '봉오동 전투'에서도 신식 무기와 잘 훈련된 일본군이 '미개한'조선이라고 조롱하며 무차별하게 학살하는 장면이 나온다. 서구의 자본주의를 먼저 받아들인 일본이 한반도를 점령한 명분은 조선의 근대화와 기술 원조였다.

그들이 말한 '미개한'조선의 독립군이 전쟁에서 승리한 비결 중 하나가 상대의 무기 수준을 뛰어넘는 최신예 무기의 보급과 지형지물을 활용하는 전술이었음을 감안하면, 100년이 지난 지금의 경제전쟁에서도 산업분야의 체질개선을 통한 기술력 확대가 핵심임을 잊지 말아야 한다. 무엇보다 일본의 경제보복에 기술방패로 핵심기술을 확보하고 원천기술의 '탈(脫)일본화'를 위한 소재부품산업의 육성이 시급하다.

이에 대한 해답을 숙련기술을 통한 뿌리산업에서 찾을 수 있다. 우리는 이번 일을 계기로 수입선 다변화와 기술자립화, 대·중·소 상생 협력이라는 경제구조 개혁을 통해 기술 주권을 확보하는 기회가 될 것이라는 전망이 부각되고 있다. 이를 위해 4차 산업혁명 대비한 8대 선도 분야와 함께 산업의 근간이 되는 뿌리산업의 기술인재를 체계적으로 육성해가야 할 필요성이 있다.

지난 8월 말 경남에서 대한민국 최대의 숙련기술인들의 축제인 전국기능경기대회가 열렸다. 이번 대회에서는 각 시·도를 대표한 1,800여 명의 젊은 기술·기능인재가 참여하여 뿌리산업인 CNC선반 및 금형, 미래산업을 대표하는 모바일로보틱스와 IT네트워크시스템, 일상의 생활과 직결되는 제과/제빵·미용 등 50개 직종에서 열띤 경기를 펼쳤다. 전국기능경기대회는 올해로 57회째 개최하는 동안 미래산업을 견인할 수많은 예비 숙련기술인들을 배출하며 기술인재 양성소의 역할을 해왔다. 젊은 선수들은 선배들의 노하우를 전수받아 문제해결능력중심의 과제를 실행하면서 실무중심 인재로 성장하였다.

우리나라는 국제기능올림픽대회에서 19회나 종합우승한 저력을 가지고 있다. 기능경기를 통해 산업현장의 대한민국명장과 산업현장교수 등 수많은 숙련기술자가 배출되고 있다는 점도 고무적이다. 특히, 우리 경남은 전국 대한민국명장의 17%인 111명, 산업현장교수의 10%인 170명을 보유한 명실상부한 숙련기술인의 보고이다. 이들은 산업현장에서 쌓은 기술과 노하우를 중소기업과 자라나는 학생들에게 묵묵히 전수하며 미래산업의 기술경쟁력을 쌓아가고 있다. 4차 산업혁명으로 가는 미래산업의 주도권을 가지기 위한 전쟁에서 대한민국이 세계 제일의 기술선진국으로 도약하여 어떤 경제적 여파에도 흔들리지 않도록 숙련기술인을 장려하고, 예비 기능인을 끊임없이 양성하는 시스템을 굳건히 만들어가기 위한 지원을 아끼지 말아야 할 것이다.

경남경제의 新 성장동력, 숙련기술 인프라

조선조를 통틀어 가장 위대한 업적을 남긴 임금으로 꼽히는 세종은 집권 초기에 묵묵히 인재를 모으고 양성하는 일에 매진했다. 완전한 군왕의 모습을 갖추어 가면서 세종은 정적이나 반대파들을 조정으로 불러들였다. 양녕대군 쪽에 줄을 섰다가 유배까지 간 황희와 세종의 장인 심온을 죽이는 데 앞장선 유정현을 등용시켜 이중삼중으로 갈라진 조선사회를 통합하게 하였고, 건국 초기 바닥난 재정 문제를 해결하게 했다고 한다.

후보시절 세종대왕 리더십을 내세웠던 문재인 대통령의 인사도 연일 화제다. 선거기간 내내 갈라진 민심을 추스르기 위해 계파와 지역을 뛰어넘는 인사를 선보이고 있다. 자신의 최측근들을 배재시키고 다양한 분야의 인재를 찾고자 애쓰는 모습은 대탕평과 화합인사라는 측면에서 소통을 원하던 국민들의 갈증을 해소시켜주기에 충분하다는 평가다. 무엇보다 능력을 우선시하는 인사시스템을 통해 적재적소에 인재를 배치하는 모습은 능력중심사회를 앞당기는 신호탄으로 볼 수 있겠다.

그렇지만 새로운 정부를 맞이하는 우리 경남의 지역경제는 어느 때보다 어려움에 직면하고 있다. 경남을 대표하던 조선 산업의 침체와 전통적인 기계 산업의 위축으로 불황의 그늘에서 쉽게 벗어날 기미가 보이지 않는다.

전문가들은 위기를 탈출하기 위한 해법으로 지역산업을 지탱하고 있는 중공업 중심에서 벗어나 새로운 성장동력을 마련해야 한다고 입을 모은다. 4차 산업혁명을 통해 답을 찾고 있으나, 당장 고용시장의 안정화를 위한 출구가 쉽게 보이지 않는 형편이다. 그러나 이러한 때일수록 핵심인재를 양성하고 숙련기술자에 대한 관심을 통해 우리산업을 지탱해 온 뿌리산업에서 성장동력을 찾아보는 지혜도 필요하다. 우리 경남지역에는 산업현장에서 오랜 경험과 기술력을 축적한 인재들이 넘쳐날 정도로 많기 때문이다. 대표적인 인재로 '대한민국 명장'이 있다. 대한민국 명장은 산업현장에서 최고 수준의 숙련기술을 보유한 기술자를 대상으로 선정한다. 전국적으로 총 616명의 명장 중 108명이 경남지역에서 배출되었다. 각 분야의 명장들은 산업현장에서 후배들을 양성하고 기능인이 존경받는 사회분위기 조성에 앞장서고 있다.

'대한민국 산업현장교수'도 빼놓을 수 없는 숙련기술 인프라다. 산업현장교수들의 보유 비중도 우리지역이 월등하다. 전체 1,404명 중 10%가 넘는 165명의 교수님이 경남지역에서 배출되었다.

산업현장 교수들의 활약상은 중소기업과 훈련기관을 지원하고 있는 성과를 보면 실로 대단하다. 창원지역의 기계가공업을 하는 기업에 파견된 산업현장교수가 작업과정의 개선을 통해 연간 2억 원의 비용절감을 하도록 지원했고, 3D프린터 신제품을 개발하는 기업을 지원한 산업현장교수는 정부의 핵심기술 개발사업에 선정되도록 하는 등 각 분야에서 기술전수자로서의 눈부신 활약을 펼치는 중이다.

무엇보다 숙련기술인들의 중요한 역할은 세대 간의 간격을 좁혀주는 데 있다. 우리사회는 어느 순간 청년들과 기성세대 간에 사회를 바라보는 인식 차이로 인해 갈등의 조짐이 보이고 있다. 이러한 상황에서 숙련기술인들은 후배들의 '인생멘토'로서의 자연스런 소통을 통해 국력을 하나로 모으는 소중한 자원이 되고 있다.

우리 경남지역의 경제를 튼실하게 하고 새로운 성장동력을 이끌어낼 소중한 인적자원인 숙련기술인을 우대하고 육성하도록 정부기관을 포함한 전 분야에서 머리를 맞대고 고민해나가야 할 시점이다.

4차 산업혁명으로 가는 소확행, 경남기능경기대회

선진국의 상징인 국민소득 3만 달러 시대가 우리나라에서도 개막되었다. 2006년 2만 달러 달성 이후에 수많은 우여곡절을 겪으며 12년 만에 달성한 일이다. 더욱이 1인당 소득이 3만 달러 이상이면서 인구가 5천만 명이 넘는 나라, 이른바 30~50클럽의 7번째 나라라는 사실은 축하할 일임에는 분명하다.

그러나 국민소득 3만 달러 지표로 국민의 삶의 질이 높아졌다고 말하기 어려운 상황이다. 경제성장의 정체와 소득분배의 불균형으로 인한 상대적 박탈감으로 행복체감도가 그렇게 높게 다가오지 않는다. 초고속으로 진행되고 있는 고령화와 미세먼지로 촉발된 환경문제 등 최근에 발생한 난제들은 우리의 미래를 더욱더 낙관할 수 없는 방향으로 예측하게 한다. 일본에서 '잃어버린 20년'이라고 불리는 장기불황을 벗어나지 못하고 22년째 소득 3만 달러의 발목에 붙잡혔던 아픈 경험을 남의 나랏일로만 여길 수 없는 조짐들이 우리나라에서도 수년간 이어지고 있다.

우리 경남지역의 경제 또한 대내외적인 경제의 불황과

조선업 위기로 인하여 사상 최대의 침체에 빠져 있다. 청년실업 등 구조적인 일자리 문제가 쉽게 해결되지 않는 동안 젊은 세대들은 새로운 트렌드인 '소확행'에서 삶의 질을 높이기 위한 길을 찾기 시작했다. 일본작가 무라카미 하루키의 수필집 「랑게르 한스섬의 오후」에 처음 사용되면서 시작된 '소확행'은 오늘날 대한민국의 행복 트렌드의 하나로 자리 잡았다. 2010년 들어서면서 일 속의 행복한 삶을 추구하는 '힐링(healing)', '워라밸(work and balance)'의 연장선상에서 이해되는 이러한 현상은 사람이 그 무엇보다 우선되어야 한다는 각성을 담고 있다.

우리나라 경제가 불황의 늪에 빠져나와 4차 산업혁명의 변화에서 살아남아 '확실한 행복'을 체감하기 위해서는 '알파고'를 이끌어 갈 능력과 융합기술을 이겨낼 장인들의 숙련기술이 전제되어야 한다. 결국 기능인을 우대하고 기술현장 활성화를 통한 숙련기술 인프라 구축은 경제 불황 극복과 성공적인 4차 산업혁명을 이루기 위한 필수적인 요소임을 절감할 수밖에 없다.

이러한 시대적 과제를 안고 매년 봄이면 숙련기술인들의 축제인 경상남도 기능경기대회가 성황리에 열린다. 이번 대회에서는 도자기·한복 등 전통적으로 내려오는 산업과 모바일로보틱스·IT네트워크시스템 등 미래산업을 적절하게 융합한 47개 직종에서 우리 경남이 자랑하는 500여 명의 젊은 기능인들이 열정과 도전을 고스란히 쏟아내고 있다. 그뿐만 아니라 초고속 광케이블 시스템, 가상용접시뮬레이터, 드론인명구조대회, 3D프린팅 등 4차 산업혁명을 대표하는 직종을 부대행사로 개최하면서 많은 시민의 호응을 얻고 있다.

우리 경남선수단은 해마다 전국기능경기에서 전국 3~5위의 우수한 성적을 올리는 등 전국대회에서도 꾸준한 성과를 올리고 있다. 그동안 갈고 닦은 기술을 마음껏 뽐내고 경남의 대표선수로 자라나는 젊은이들이 우리 국가경제의 핵심 성장동력이 될 것이기에, 기능경기대회에서의 영마이스터들의 활약은 어려운 경남경제의 상황에서도 미래를 활기차게 준비하는'소확행'이 되었음이 분명하다.

국민소득 3만 불 시대를 넘어서 행복한 4차 산업혁명 시대를 견인하기 위해 젊은 기능 인재들을 육성하고 숙련기술을 우대하는 사회적 분위기 조성이 어느 때보다 중요한 시점이다. 궁극적으로는 일을 통해 '소소하지만 확실한 행복'을 위해 사람과 기술을 조화롭게 융합시키는 지혜가 필요할 것이다.

청년의 희망, 기능경기대회

최근 현대경제연구원이 발표한 자료에 따르면 공무원 시험을 준비하는 이른바 공시생이 26만 명에 육박한다고 한다. 5년 사이에 40% 가까이 증가하고 있어 우리 노동시장의 한 단면을 보여준다고 할 것이다. 산업현장에 있어야 할 청년층들이 비생산적인 미래 투자에 매달리느라 발생하는 경제적 손실이 17조 원이나 된다는 사실도 놀랍다. 산업현장에서 역량을 발휘하고 있어야 할 우리 청년들이 도서관 안에서 공무원을 바라보며 하루하루를 보내고 있다는 사실은 국가적으로 너무나 큰 손실이 아닐 수 없다.

산업의 태동기를 걸어온 기성세대로서 지금의 청년들을 바라보면 무한한 책임감과 함께 많은 빚을 졌다는 생각이 든다. 과거에는 새마을운동 등으로 경제가 폭발하던 시기였다. 임금이 상대적으로 낮았던 공무원보다는 다양한 방면으로 소질을 발휘할 수 있었던 기업체를 선호했다. 필자도 정밀가공기능사 자격증 하나로 직장에서 인정받으며 신바람 나게 일한 기억이 있다.

우수한 자원들이 특성화고·상업고에 들어가 산업현장으로 투입되었고, 그들이 역동적으로 활동한 결과 오늘날 경제대국으로 성장하게 된 초석이 된 것이다. 그러나 지금의 청년들은 주위의 너무나 큰 기대에 비해 취업절벽이라는 암울한 현실에 부딪혀 날개를 펼칠 수 없는 불우한 시대를 살고 있다.

시대는 빠른 속도로 변화하고 있다. 우리는 그 변화의 흐름에 주도해야만 한다. 무슨 일을 하든지 남들과 차별받지 않고 행복한 삶을 꾸려갈 수 있도록 우리 모두가 노력해야 한다. 쉽지 않은 일이지만 어려울수록 자존감을 갖고 하고 싶은 일, 좋아하는 일을 찾아 열정을 쏟으라고 청년들에게 감히 조언하고 싶다.

지금 창원·진주 등 4개 지역에서 경남기능경기대회가 열리고 있다. 이번 대회에는 4차 산업의 핵심이 될 로봇 직종 등 45개 종목에 500여 명의 선수가 참가하여 밤낮으로 갈고 닦은 기능과 기술을 겨루는 장이 되었다. 이러한 기술인들의 축제를 통해 미래산업의 지도자들이 꾸준히 양성될 것이다. 또한 예비 숙련기술인들이 우리사회에서 인정받고 활약할 수 있는 문화가 조성되기를 기대한다.

예비 숙련기술인들은 미래산업의 성장동력

지난 10월에 여수 EXPO 경기장 등 전라남도 일원에서 국내 최대 숙련기술인의 축제인 전국기능경기대회가 열렸다. 1966년부터 개최된 전국기능경기대회는 예비 숙련기술인들의 숙련기술 향상을 도모하고 그간 갈고닦은 기술을 뽐낼 수 있는 꿈의 무대이자 차세대 기술한국을 이끌어갈 인재를 발굴하는 기회의 장이다.

우리 경남선수단에서는 이번 기능경기대회에 43개 직종에 128명이 참가하여 전국 4위의 우수한 성적을 거두었다.

입상 직종도 폴리메카닉스, CNC선반, 모바일로보틱스, 한복 등 공업의 근간을 이루는 기초 산업분야에서 미래산업, 그리고 전통 산업까지 다양한 분야에서 나왔다. 이러한 빛나는 성과는 선수들과 지도교사, 그리고 관계기관이 합심하여 이루어낸 땀의 결실이다.

경남선수단이 이룬 쾌거는 우리 경남인에게 큰 자긍심이 될 것이다. 최근 3년간 전국 5위권의 꾸준한 성적으로 기능경기대회 저변 확대에 기여하는 동시에 미래의 기술인들인 마이스터고·특성화고 학생들에게는 꿈과 희망을 가지고 기능을 연마할 수 있는 분위기가 조성되고 있다.

그동안 마이스터고와 특성화고는 우리나라 경제성장과 산업발전을 견인한 숙련기술인 양성의 요람이었으나, 최근에는 전통적인 기계공업의 저조, 조선업 불황 등으로 일부 학교에서 모집 정원을 다 채우지 못하는 어려운 환경에 처해 있다. 고착화되고 있는 학령인구 감소와 국가경쟁력 위기로 인한 고용시장에서의 미스매치가 주요 요인이라고 본다.

이러한 상황에서 4차 산업혁명을 견인하고 있는 AI(인공지능), 3D프린팅, 빅데이터, 드론 등 신기술의 등장은 젊은이들뿐만 아니라 기존의 직장인까지 심리적으로 위협하고 있는 실정이다.

역설적으로 정보통신기술과 기존 기술들 사이에 경계가 사라지며 기술융합이 중요시될수록 미래기능인 육성이 중요한 과제로 다가온다. 4차산업혁명의 성공이 그동안 축적된 제조기술과 신기술의 융합을 어떻게 조화롭고 효율적으로 만들어 내는지에 달려있다고 보면 이를 융합할 수 있는 숙련기술인의 역할과 중요성은 더욱 높아질 것이다.

그러나 숙련기술인의 탄생은 하루아침에 이루어지지 않는다.

우리 선수단은 4월에 개최된 지방기능경기대회에서 경남대표로 선발된 이후 유례없이 무더웠던 한여름을 거치면서도 휴일과 방학까지 반납하고 기술연마를 위해 노력해왔다. 경남기능경기위원회를 통해 지원된 기술멘토들과 최고의 기능을 보유한 대한민국명장, 최고장인, 산업현장교수들이 보이지 않는 곳에서 묵묵히 선수들의 지원을 아끼지 않았다.

　그동안 우리 경남지역 경제를 견인했던 조선업 불황이 계속될수록 새로운 성장동력을 찾지 못하고 있는 안타까운 현실에서 예비 기술인들의 열정과 성장은 참으로 반가운 소식이 아닐 수 없다. 미래기능·기술을 이끌어갈 리더인 경남 기능경기 선수단에 뜨거운 박수를 보내며, 앞으로도 한국산업인력공단에서는 젊은 기능 인재들이 잠재력을 마음껏 발휘하여 자랑스러운 숙련기술인으로 성장할 수 있는 사회적 풍토를 조성하는 데 노력할 것이다.

임금피크제와 청년실업의 해소

'노동시장 개혁'이라는 화두가 이슈로 떠오르고 있다. 내년 60세 정년 의무화 제도 시행을 앞두고 청년고용 절벽에 대한 우려와 함께 경제위기의 선제적 예방을 위해 노동시장 개혁을 필수적으로 보는 시각이 많다. 노동개혁을 핵심 국정과제로 택한 정부도 경제 재도약의 근간을 마련하고 인구 감소, 청년실업률 해소 등 국가경쟁력을 높이기 위한 노동개혁의 일환으로 임금피크제를 추진하고 있지만 이를 바라보는 시각은 많은 차이가 나는 것이 현실이다.

정년 60세라는 부담을 덜기 위한 완충장치로 장기적인 노동시장 변화에 대응하는 제도로 시행해야 한다는 의견 등 세대별·계층별 갈등도 예상된다. 2020년 이후 청년 인구가 급격하게 줄어들고, 노동시장이 고령화되면 선진국처럼 정년을 추가로 연장해야 할 시기가 닥쳐온다고 봐야 하니 말이다. 임금피크제에 대해 노·사·정 등 사회 각 분야에서 바라보는 시각과 입장은 현실적으로 많은 차이가 날 수밖에 없으나, 청년 일자리 창출을 위한 필요성은 대체로 공감하는 분위기다.

2022년 6월 말 현재 청년실업률은 41만 명으로 관련 통계를 시작한 2000년 이후 상반기 기준으로 가장 큰 규모이다. 대기업에서는 정규직보다 비정규직의 비중이 높아져 고용의 질마저 나빠지고 있다. 청년들이 선호하는 일자리는 공기업을 포함한 공무원, 대기업 등 안정적이고 상대적으로 임금수준이 높은 직장이다. 그러나 청년들이 원하는 양질의 직장은 한정돼 취업을 포기하고 '구직 단념자'로 전락하고 있다. '캥거루족'이 대졸자의 51%가 넘는다. 7월 말 기준으로 경남지역에만 4,000여 개 사업장에서 3만6,000여 명(E-9 기준)에 달하는 외국인 근로자가 종사하는 실정이다.

이런 사정이지만 기업은 장기적인 관점에서 기업의 미래는 역시 핵심인재에 달려있다는 것을 명심해야 한다. 우리도 기업이 원하는 핵심인재를 현장에 맞는 교육과 체계적인 훈련을 통해 기업 스스로 양성할 때가 됐다. 특히 중소기업은 그간 대기업보다 상대적으로 인재선발에서 뒤처졌고, 종업원의 잦은 이직으로 신입사원 교육·훈련에 애로를 겪을 수밖에 없었다. 또 신입사원에게 과감한 투자를 통한 비전을 제시하지 못해 인재를 잃는 악순환이 거듭됐다. 이를 해결하기 위해 정부는 지난해부터 기업의 핵심인재를 기업이 직접 양성할 수 있도록 교육인프라를 구축해주며, 실제로 교육훈련에 드는 비용을 지원해주는 일학습병행제를 도입했다. 학습근로자에게는 자격증 취득 기회와 훈련프로그램에 따라 학위 취득의 기회까지 보장한다.

사용자가 일·학습병행제를 잘 활용하면 우수한 인재를 선발해 기업의 핵심인력으로 양성하는 교육훈련시스템을 마련할 수 있고, 핵심인재의 육성을 통해 장기적으로 기업 발전의 원동력을 구축할 수 있다.

청년들도 이젠 중소기업에 많은 관심을 가져야 한다. 규모는 작지만, 기술력과 성장 가능성이 높은 건실한 중소기업이 많다. 어느 광고의 대사처럼 중소기업을 '크게 키워' 대기업으로 육성시키거나 장차 중소기업의 CEO가 되겠다는 꿈을 갖고 도전하길 기대한다.

제2장

능력중심사회로 가는 길

사업주 직업능력개발훈련

도금강판 제조업체인 A사는 투자와 설비개선을 통하여 생산라인의 전반적인 안정화를 이루고 지속적인 성장을 이루고 있는 기업이었다. 그러나 기술에 대한 대외 의존도가 높고 특정업체에 생산품을 공급하는 방식의 경영에 의해 기술개발에 대한 도전은 위축되고 있는 상황이었다. 이러한 대외 의존적인 생산방식과 기술력 저하 문제를 해소하기 위해 동종 업계에서 선도적인 기업을 벤치마킹하여 문제를 해결하고자 모색하고 있었다.

기업의 체질을 개선하고 도전적인 조직문화 구축을 위해 자연스럽게 사업주훈련을 도입하게 되었다. 자발적인 학습조직 참여를 이끌어 내고 교육훈련 인프라를 확대할 수 있는 최적의 제도라고 판단하여 적극적인 훈련 계획을 수립할 수 있었다.

교육훈련 체계를 만들어가기 위해 A사에서는 최우선으로 HRD 담당자를 배치하는 것이었다. 타 생산업무의 부담을 비교적 경감화한 HRD 담당자는 교육훈련에 대한 플랜을 체계적으로 수립할 수 있었다. 먼저 학습대상자 인터뷰·설문을 통해서 수요조사를 실시하고 경영자층이 원하는 사내 인재상을 발굴하여 기업에 최적화된 교육훈련 프로그램을 개발해 나갔다.

교육훈련 계획은 시급한 생산기술 분야 해소와 장기적인 인재육성이라는 두 가지 측면에서 수립되었고, 우선적으로 실시한 것이 '현장사원 업무능력향상 과정'이었다. 이 훈련과정을 기초과정(5일)과 심화과정(2일)으로 실시하였고, 모든 구성원들이 만족하는 결과를 얻었다.

이러한 교육문화를 2년간 지속한 결과 A사는 16의 생산성 향상으로 38%가 넘는 매출 증가를 이루어내었다. 무엇보다 중요한 것은 교육훈련을 통해 얻은 구성원 간의 신뢰를 바탕으로 현장에서 불량률이 눈에 띄게 줄었다는 점이다. 또한 재직직원들은 반복되는 업무만 하는 수동적인 자세에서 회사에서 제공하는 교육을 통해 직무능력이 향상되고 있음을 만족하는 것이 분위기로 이어진다는 것이라고 한다.

사업주 직업능력개발훈련은 사업주가 소속 근로자를 대상으로 직업능력개발훈련을 실시한 경우, 훈련에 소요된 비용의 일부를 지원하는 제도이다.

고용보험법을 근거로 하는 제도이므로 지원대상은 고용보험법상 직업능력개발사업의 적용을 받는 사업장의 15세 이상 근로자에게 해당된다. 재직근로자, 채용예정자, 전직예정자 등 고용보험 가입자는 모두 사업주훈련 지원대상이다.

기업에서 이미 실시하고 있는 사내 직업훈련을 사업주훈련으로 실시하면 지원을 지급받을 수 있는 장점이 있어 활용하기 좋고, 훈련시간 및 훈련대상 등은 기업의 필요에 따라 유연하게 운영이 가능하다. 또한, 사업주훈련에 처음 참여하는 신규 사업장은 맞춤형 컨설팅과 자체훈련을 할 수 있도록 NCS 학습모듈을 제공받을 수 있다. 지원을 받기 위해서는 최소 4시간 이상의 훈련과정을 편성해야 하는데, 기업의 다양한 생산활동을 감안하여 교과를 자유롭게 편성할 수 있다. 훈련내용은 기업에서 직무수행능력 향상과 관련된 내용이면 어떤 내용이든지 가능하다.

훈련시간	훈련내용	장소	강사
4시간 이상 *기업규모에따른 차등폐지	직무 수행능력 향상과 관련된 훈련	회의실, 강의실 등 교육 등을 목적으로 한 별도의 독립된 장소	해당분야에서 1년 이상 실무경력 등 공단의 상시심사기준표에 따라 강사의 적부를 심사 *내·외부강사 활용가능

훈련비는 고용노동부에서 고시한 단가에 따라 지원되며, 훈련직종에 따라 5,000~8,000원 사이에서 결정된다.

※ 훈련비 = 직종단가 × 훈련시간 × 훈련인원

일학습병행

중공업분야의 비파괴검사업무를 수행하는 B사는 고객사로부터 수주한 검사결과에 대한 신뢰도가 회사의 외연을 확장하는데 있어 생명인 기업이었다. 따라서 현장 직원들의 업무숙달과 자격확보가 무엇보다 중요한 과제라고 볼 수 있다.

업종 특성상 개별 직원들의 업무능력은 일정부분 차이가 날 수밖에 없는 상황이며, 이러한 업무능력 차이를 근로연수에 따라 변화하는 양상을 파악할 필요가 있었다.

B사는 먼저 NCS에서 회사의 직무와 연결되는 능력단위를 초급, 중급, 고급으로 분류하여 초급레벨인 신입사원들의 역량에 맞추어 일학습병행을 실시하였다. 단지 초급 훈련과정에 만족하지 않고 지속적으로 기대 기술력을 제공하며 중급, 고급과정으로 확대하여 장기적인 인력양성 체계를 만들어갔다.

이러한 일학습병행의 성공요소는 개인의 역량향상이 기업의 발전으로 이루어진다는 믿음을 통해 체계적인 교육시스템 구축으로 이어졌고, 현장직원과 관리직원 간의 소통을 통한 자연스러운 노하우 전달이 가능해졌다는 환경 변화에 기인한다. 또한 현장교육을 진행하는 기업현장교사의 역량이 교육기관 수준으로 향상되어 일학습병행 자체적으로 교육의 선순환 효과가 발생하였다는 데 있었다.

산업현장의 실무형 인재양성을 위하여 기업이 취업을 원하는 청년 등을 학습근로자로 채용하여 맞춤형 체계적 훈련을 실시할 수 있도록 지원하는 '일학습병행'이 있다. 일학습병행은 기업맞춤형 교육훈련 프로그램에 기반하여 OJT(도제식 현장교육훈련)와 OFF-JT(현장외 교육훈련)를 통해 기업은 맞춤형 인재를 양성하고 근로자는 이론과 실무를 체계적으로 익힐 수 있는 제도이다.

참여대상은 고용보험에 가입되어 있는 기업으로서 상시근로자 50인 이상의 일학습병행을 실시할 수 있는 경영능력을 갖춘 기업이면 가능하다. 또한 훈련을 원활하게 진행하기 위해서 기업현장교사를 확보할 수 있어야 한다. 공동훈련센터를 통해 일학습병행을 운영하고자 하는 기업은 상시근로자 20인 이상인 기업도 참여할 수 있다.

기업에서 1개 과정을 학습근로자 5명을 대상으로 12개월간 운영했을 경우 약 5천만 원 정도의 지원금을 받을 수 있고, 학습근로자 외부평가 합격 시 별도의 인센티브를 지급받을 수 있는 혜택이 있다.

훈련대상에 따라 다양한 일학습병행 참여유형이 있다.

구분	재직자 단계 일학습병행	IPP형 일학습병행	전문대 재학생단계 일학습병행	산학일체형 도제학교	P-TECH (학위연계형)
훈련 대상	신규 채용자 및 입사 1년 이내 근로자	대학교 4학년	전문대 졸업학년	특성화고 재학생	도제학교 이수자 및 특성화고 졸업자 등
훈련 기간	1년 ~ 4년	1년 (4학년 1, 2학기)	1년 (최종학년 1, 2학기)	1년 ~ 2년	대학(폴리텍 및 전문대) 재학기간

지역 · 산업 맞춤형 인력양성훈련

중소기업 인력난 해소 및 고용률 제고를 위한 지역·산업 인력수요 기반 맞춤형 교육이 지역·산업 맞춤형 인력양성훈련이다. 이 훈련에는 참여 희망기업이 공동훈련센터 협약기업이 아닐 경우에 협약체결 이후 참여가 가능하다.

지원대상은 우선지원대상기업에 소속된 고용보험 가입 재직근로자이다. 우선지원대상기업 해당 여부는 고용보험법 시행령 제12조를 참조하면 된다. 훈련이 필요한 기업을 위해 지역 공동훈련센터에서 양질의 훈련과정을 무료로 참여할 수 있도록 지원하고 있는데, 기업의 수요를 반영한 재직자훈련, 채용예정자훈련, 유급휴가훈련 등을 공공훈련센터에서 직접 개설하여 운영하고 있다.

지원금액은 사업주가 납부한 고용안정·직업능력개발 보험료의 240% 범위에서 계속적으로 활용이 가능하다.

국가인적자원개발 컨소시엄 훈련

　지역과 산업의 수요를 반영한 지역·산업 맞춤형 인력양성 사업과 비교하여, 국가인적자원개발 컨소시엄 훈련은 동일한 목적의 산업벨트 및 산업단지 내에 기업 간의 컨소시엄을 형성하여 실시하는 훈련이다. 참여하는 기업의 입장에서는 무료로 훈련을 제공받을 수 있다는 점에 있어 비슷한 개념으로 볼 수 있다.

컨소시엄 훈련은 기업, 사업주단체 등의 컨소시엄 공동 훈련센터가 관련 중소기업과 공동훈련 협약을 맺고, 자신이 보유한 훈련시설 등을 활용하여 중소기업 근로자들에게 맞춤형 훈련을 제공한다. 중소기업 재직근로자의 직업 훈련 참여 확대와 우수 인력공급, 신성장동력분야 등 전략 산업의 인력육성, 지역별 직업훈련기반 조성 등을 위한 공동훈련사업을 도모하는 장점이 있다. 국가인적자원개발 컨소시엄 사업의 유형은 다음과 같다.

유 형	역할 및 기능	협약기업
대중소 상생형	주로 중소기업과 협약을 체결하여 이들 중소기업에 대한 체계적이고 지속적인 직업능력개발 지원	중소기업 및 고용보험법에 따른 우선지원 대상기업
전략 분야형	주로 특정 산업이나 직종과 관련된 기업과 협약을 체결하여 체계적인 인력양성 및 근로자의 직업능력개발 지원	해당산업 및 직종의 기업

대한민국산업현장교수 지원

　대한민국산업현장교수 지원사업은 산업현장에서 오랜 경험과 현장의 기술을 보유한 우수 숙련기술인을 활용하여 중소기업 및 학교·직업능력개발훈련기관에 숙련기술전수 및 생산, 품질, 원가, 기술개발 등과 관련한 컨설팅지원으로 기업경쟁력과 교육현장성 강화를 목적으로 한다.

　중소기업에서 고숙련기술이 단절되는 것을 예방하고 산업현장에서 우수한 기술과 경험을 쌓은 퇴직(예정)자를 활용함으로써 일자리 창출에 기여하는 데 의의가 있다.

　지원대상 및 지원내용은 다음과 같다.

지원대상	지원내용
고용보험법시행령에서 정한 우선지원대상 기업으로 상시근로자 2인 이상 사업장 ※ HRD분야는 5인 이상	≫ 경영 및 인적자원관리 진단·지도 - 인사, 조직, 노무, 사무관리, 재무 및 회계 - 생산, 유통관리, 판매관리 업무 등 ≫ 기업진단 및 HRD컨설팅 ≫ 근로자 적합훈련 설계 - 현장훈련 및 학습조직 등 ≫ 현장기술지원 및 기술전수(애로기술 해결 등)

기업맞춤형 현장훈련(S-OJT)

사출성형 생산업체인 B사에서는 전반적인 공정과정의 이해를 기반으로 생산기술 및 업무능력을 향상하고자 했다. 중소기업의 특성상 현장근무자는 다양한 업무에 투입 가능한 멀티형 기술자가 되어야만 했고 기술성장 단계에서 관리자로 성장하는 계기가 필요하였다.

B사에서는 현장맞춤형 훈련인 S-OJT를 통해 현장의 전반적인 기술역량 향상을 시도하게 되었다. 정부에서 지원하는 훈련프로그램 개발 과정에서 먼저 기업현황 및 직무수준을 파악하고, 목표와 개선사항에 따라 NCS 능력단위를 조합하였다. 실제 직무를 수행하면서 필요한 능력단위를 선별하는 작업을 통해 기업의 모든 직무를 파악할 수 있는 계기도 만들었다. 이렇게 만들어진 자료를 바탕으로 현장훈련에 맞도록 작업절차를 확인하고 교수내용을 협의하면서 세부 훈련 일정을 확정지었다.

B사의 이런 직무분석 절차를 통해 '사출성형품 공정관리자 양성과정'이라는 40시간의 훈련프로그램이 탄생하였다. 훈련을 진행하면서 현장근로자의 직무능력이 얼마나

향상되었는지 수시로 평가를 하면서 피드백 절차도 진행한 결과 3개월이 지난 시점에서 직무능력이 두드러지기 향상된 수치가 나왔다. 훈련프로그램에 녹아든 수행평가 지표항목에 따라 조사된 자료에 의하면 훈련 전 지표와 훈련 수료 후 지표가 눈에 띄게 향상되는 결과를 얻었다. 또한 일일 평균 생산성이 훈련 진행 후 향상되는 결과가 나왔으며, 특히 불량률이 '제로'를 유지하는 큰 성과를 얻었다.

기업맞춤형 현장훈련은 직업능력개발훈련에서 소외되고 있는 중소기업에서 체계적인 훈련실시 및 노하우를 전수할 수 있도록 지원하는 제도이다.

고용보험 납입 기간이 1년 이상인 우선지원대상기업으로서 현장훈련을 통한 재직자 숙련기술양성이 필요한 기업이 지원대상이다. 훈련생은 제품의 제조 및 생산 프로세스 등 관련 직무에 6개월 이상 종사한 근로자이면 가능하다.

전문기관(중소기업훈련지원센터)에서 중소기업 및 근로자 대상으로 훈련수요조사 및 직무분석 등을 통해 현장훈련 프로그램 개발 및 훈련을 실시할 수 있도록 한다. 훈련과정 개발비, 훈련비, 기업현장교사 수당 등으로 구성된 지원금액은 참여기업 평균 540만 원 정도이다.

기업맞춤형 현장훈련은 현장 업무에 반드시 필요한 핵심기술을 단기간에 익힐 수 있도록 훈련프로그램을 정부지원을 통해 설계할 수 있는 장점이 있다.

인적자원개발 우수기관 인증

인적자원개발 우수기관 인증 제도는 정부가 인적자원개발 및 관리에 대한 모범적인 심사기준을 설정하고, 이를 달성한 우수한 기관에게 인증을 수여함으로써 인적자원개발에 대한 투자를 촉진하고 기업 및 국가경쟁력 강화에 기여하는 데 목적이 있다. 일반적으로 Best HRD 인증이라고도 한다.

고용노동부, 교육부, 산업통상자원부, 중소벤처기업부 등 4개 부처가 인증의 주체이며, 고용보험법 제8조의 규정에 의한 사업장을 대상으로 하고 있다.

참여혜택으로는 인증기업에게 3년간 정기근로감독을 면제하고, 직업능력개발 정부포상 유공자 선정 시 대표자 가점을 부여한다. 또한 고용노동부, 중소벤처기업부, 조달청 등의 각종 사업 참여시 가점을 부여받을 수 있는 장점이 있다.

인정 탈락 기업에게는 희망기관을 대상으로 컨설팅을 실시하고, 컨설팅 종료 후 향후 1년간 사후관리 지원해주는 혜택이 있다.

제3장

정정당당,
능력개발은 나의 힘

-사업주훈련제도 지원금 이론적 기초-

사업주훈련 제도의 의의

1) 직업능력개발훈련의 구분 및 종류

직업능력이란 특정 직업 또는 일반적인 직업에서 일정한 직무를 수행하는데 필요한 능력을 의미하고, 직업능력개발은 사업주에게 고용된 사람과 취업할 의사가 있는 사람을 대상으로 직업에 필요한 직업기초능력과 직무수행능력[1]을 습득하고 향상시키기 위하여 실시하는 일체의 교육훈련 활동을 일반적으로 지칭한다.

고용보험법을 근거로 고용노동부에서 실시하는 직업능력개발 사업은 실업급여사업, 고용안정사업과 함께 고용보험 3대 사업의 하나이다. 정부는 고용보험을 통해 재직근로자를 위하여 직업훈련을 행하는 사업주에 대하여 훈련비용을 지원한다. 관련법률에 내포한 직업능력개발에 대한 의미를 검토 및 분석함으로써 산업현장에서 활용되고 있는 다양한 국가지원사업을 보다 쉽게 이해할 수 있을

---

1) NCS(National Competency Standards, 국가직무능력표준)에 의하면 직무능력을 직업인으로서 갖추어야 할 공통 능력과 해당 직무를 수행하는 데 필요한 역량(지식, 기술, 태도)이라고 정의하고 있다. NCS는 10개 분야의 직업기초능력과 24개 직업군을 대분류로 한 직무수행능력으로 구성되어 있다.

것이다.

직업교육훈련촉진법에서는 "직업교육훈련이란 산업교육진흥 및 산학협력촉진에 관한 법률 및 근로자직업능력개발법과 그 밖의 다른 법령에 따라 학생과 근로자 등에게 취업 또는 직무수행에 필요한 지식, 기술 및 태도를 습득, 향상시키기 위하여 실시하는 직업교육 및 직업훈련을 말한다"라고 정의하고 있다.[2]

근로자 직업능력개발법에서는 "직업능력개발훈련이란 근로자에게 직업에 필요한 직무수행능력을 습득·향상시키기 위하여 실시하는 훈련을 말한다"라고 정의한다.[3] 또한 "근로자의 생애에 걸친 직업능력개발을 촉진·지원하고 산업현장에서 필요로 하는 기술·기능 인력을 양성하며 산학협력 등에 관한 사업을 수행함으로써 근로자의 고용촉진·고용안정 및 사회 경제적 지위향상과 기업의 생산성 향상을 도모하고 능력중심사회의 구현 및 사회 경제의 발전에

2) 직업교육훈련촉진법(약칭 : 직업교육훈련법) 제2조 1항. 동법의 목적은 제1조에서 밝힌바와 같이 직업교육훈련을 촉진하는 데에 필요한 사항을 정하여 모든 국민에게 소질과 적성에 맞는 다양한 직업교육훈련의 기회를 제공하고 직업교육훈련의 효율성과 질을 높임으로써 국민생활 수준의 향상과 국가경제의 발전에 이바지함을 목적으로 하고 있다.
3) 근로자직업능력개발법 제2조 1항. 동법에서는 직업능력개발훈련을 근로자 개인의 희망 · 적성 · 능력에 맞게 근로자의 생애에 걸쳐 체계적으로 실시되어야 한다고 규정되어 있다.

이바지함"을 목적으로 하고 있다는 전제를 달고 있다.

근로자 직업능력개발법에 의한 훈련과정을 훈련의 주요 대상자인 재직자와 실업자로 나누어서 보면 향상훈련과 양성훈련으로 구분할 수 있다.

〈 그림 2-1 〉 직업능력개발훈련의 구분 및 종류

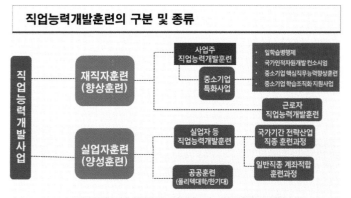

자료 : 고용노동부 설명회 자료, 2018. 1. 12.

〈그림 2-1〉에서와 같이 직업능력개발훈련은 재직자훈련과 실업자훈련으로 크게 구분되고, 다시 재직자훈련은 사업주가 근로자를 위해 직업훈련을 실시하는 사업주에 대한 지원 방식과 근로자 스스로가 직업능력개발을 하도

록 재직근로자에 대한 지원 방식으로 나누어진다. 이 중에서도 중소기업 지원의 성격이 강한 학습조직화지원사업, 일학습병행제 등을 특화사업이라고 할 수 있고, 고용보험 가입 사업주가 소속근로자, 채용예정자 등을 대상으로 노동부장관의 인정을 받은 직업훈련을 실시하는 것을 사업주훈련으로 구분한다.

2) 사업주훈련제도의 개념 및 필요성

(1) 사업주훈련제도의 개념

근로자직업능력개발법은 사업주훈련제도를 실시하는 근간이 되는 법령이다. 동법 제1장은 총칙으로 법의 정의·기본원칙·국가 및 사업주 등의 책무·재원 등에 관한 내용을 구성하고 있고, 제2장은 근로자의 자율적인 직업능력개발지원에 관한 사항을 규정하고 있다. 제3장에서는 사업주 등의 직업능력개발사업 지원에 관한 사항을 규정하고 있다.[4]

제2장이 실업자와 재직근로자 개인의 자율적 능력개발

---

[4] 제1장은 제1조~제11조, 제2장은 제12조~제19조, 제3장에서 사업주훈련에 대한 사항을 규정하고 있으며, 제20조(사업주 및 사업주단체등에 대한 직업능력개발 지원), 제22조(산업부문별 직업능력개발사업 지원), 제23조(직업능력개발단체의 직업능력개발사업 지원), 제24조(직업능력개발훈련과정의 인정 및 인정취소 등)로 구성되어 있다.

을 지원하는 사항으로서 대체적으로 양성훈련을 규정하는 데 반해, 제3장에서는 사업주에 대한 직업능력개발을 지원하는 법령으로서 각종 지원사항을 포괄한다. 그중에서 사업주훈련은 교육훈련을 통한 소속근로자의 직무능력 향상을 지원하는 데 목적이 있다.

사업주훈련을 한마디로 정의하면 사업주가 소속 근로자, 채용예정자, 구직자 등을 대상으로 직업능력개발훈련을 실시할 경우 직업능력개발훈련 실시에 따라 소요되는 훈련비 등 비용의 일부를 지원함으로써 사업주의 직업능력개발훈련 실시를 촉진하는 제도라고 할 수 있다.

사업주훈련은 고용보험법 제27조(사업주에 대한 직업능력개발훈련의 지원) 및 제28조(비용 지원의 기준 등)와 같은 법 시행령 제41조(사업주에 대한 직업능력개발 훈련비용의 지원) 및 제42조(비용 지원의 한도), 근로자직업능력개발법 제20조(사업주 및 사업주단체 등에 대한 직업능력개발 지원), 제24조(직업능력개발훈련과정의 인정 및 인정 취소 등), 제53조(직업능력개발훈련시설 등에 대한 평가) 및 제 54조(직업능력개발훈련시설 평가 결과에 따른 차등지원)와 같은 법 시행령 제19조(사업주 및 사업주단체등에 대한 직업능력개발사업 지원), 제22조(직업능력개발훈련과정의 인정), 제48조(직업능력개발훈련시설 등에 대한 평가 및 그 결과의 공개) 및 제49조(평가 결과에 따른 차등 지원의 내용)와 같은 법 시행규칙 제8조(직업능력개발훈련과정의 인정신청 등) 및 제21조(직업능력개발훈련사업의 평가 내용)에 따라 사업주가 실시하는 직업능력개발훈련 과정의 인정 및 비용지원, 고용보험법 제31조(직업능력개발의 촉진)와 같은 법 시행령 제52조(직업능력개발의 촉진)에 따른 직업능력개발의 촉진 등에 필요한 사항으로 규정하고 있다. 또한 고용보험법 제19조(고용안정·직업능력개발 사업의 실시)와 제78조(기금의 설치 및 조성)에 의해 고용안정 및 직업능력개발사업의 보험료로 조성된 고용보험 기금이 사업주훈련의 재원으로 활용하고 있다.[5]

일반적으로 직업능력개발의 대상은 근로자와 실업자가 해당이 되지만 사업주 직업능력개발훈련은 〈그림 2-1〉에서와 같이 사업주의 필요에 의해 소속된 근로자를 향상시키는 것을 주목적으로 하는 특성이 있다. 더 나아가 중소기업의 인력난 해소와 기본적인 기능양성을 통한 맞춤인

---

5)고용보험법 제6장(78조~86조)에서는 고용보험기금의 구체적인 설치 및 조성 방법과 관리·운용, 기금의 용도 등에 대한 규정을 하고 있다. 고용보험기금은 고용안정과 직업능력개발 사업에 필요한 경비, 실업급여의 지급, 육아휴직 급여 및 출산전후 휴가 급여 등의 지급, 보험료의 반환, 일시 차입금의 상환금과 이자 등에 쓰이도록 되어 있다.

력 공급을 위해 구직자, 채용예정자 등을 대상으로 하는 양성훈련도 사업주훈련으로 인정하고 있다.

(2) 사업주훈련의 필요성

중소기업에서는 대기업에 비해 인력양성 체계가 부족하고 장기적인 인재개발 시스템이 부족하다. 특히, 우리나라 대기업과 중소기업 간의 협력관계를 매개로 한 하청 납품 문화는 중소기업에서 인력양성이라는 여유를 감히 가질 수 없는 구조이다. 대기업에 비해 상대적으로 경제적, 시간적, 제도적 환경이 열악한 중소기업은 만성적인 인력난, 근로자의 잦은 이직, 낮은 수익성 등으로 HRD 투자에 여력이 부족할 수밖에 없는 상황이다. 결국 근로자 직업능력개발의 필요성에 관해서는 중소기업에서도 어느 정도 인지하고 있으나, 실제 참여율은 대기업에 비해 현저히 떨어질 수밖에 없는 현실이다.

이러한 악순환을 개선하기 위해서 대기업보다는 중소기업의 지원을 목적에 두고 중소기업 근로자를 주 대상으로 한 교육훈련 지원제도를 운용할 필요성이 제기되었다.

<표 2-1> 사업주 직업능력개발훈련 미참여 이유

(단위 : %, 복수응답)

구분	정보가 부족해서	직원들이 참여할 시간부족	직무와 맞는 훈련부재	관심있는 프로그램 부재	다른 훈련에 참여	참여절차 복잡함	참여요건 안됨	기타
전체	36.4	35.9	25.2	11.2	8.8	5.5	3.2	4.2
10~29인	37.4	35.9	25.0	11.4	7.8	5.4	3.4	4.3
30~49인	34.0	35.9	23.6	9.7	11.0	6.0	3.2	3.2
50~99인	34.0	36.4	26.3	10.4	13.5	4.2	2.8	4.8
100~299인	25.4	34.2	35.0	13.3	17.0	8.4	0.7	5.6

자료 : 한국산업인력공단, 사업주훈련 사업인지도 조사보고서, 2018

사업주훈련은 1999년 근로자직업훈련촉진법에 의해 정부주도의 훈련시스템이 민간 및 기업 자율적인 훈련 시스템으로 전환하게 됨으로써 정착하게 되었다. 지금은 사업주가 소속 근로자의 능력개발을 촉진하기 위해서 여러 방법의 훈련을 진행하고 있는데 사업주훈련이 필요한 이유는 다음과 같이 정리할 수 있다.

① 변화된 환경에 대처하기 위한 기술습득 및 마인드 향상

직무능력향상이라는 의미는 기업에서 상당히 중요한 요소로 작용된다. 실상 기업은 대외환경 변화에 신속히 적응

해야하고 새로운 생산물품과 고객의 서비스 요구로 끊임없이 새로운 기술을 요구하는 성과중심 집합체일 수밖에 없다. 근로자는 환경의 변화에 따라 기업의 생산성을 유지하기 위해 역시 끊임없이 능력을 개발할 수밖에 없다. 새로운 기술 변화가 없다는 상황에서도 근로자는 완벽한 전문가가 아닌 이상 지속적으로 자신이 지닌 기술과 기능을 연마할 필요가 있다.

〈 표 2-2 〉 기업규모별 직업능력개발훈련의 성과 분석

구분	사례수	최신 기술, 지식 습득	직무 관련 전문성 확보	고용 유지에 기여	생산성 향상에 기여	직무 능력 향상에 기여	훈련 소요 비용 절감	훈련 활성화 기여	향후 교육 참가 의사
계	400	3.92	3.95	3.94	3.85	3.95	3.90	3.92	3.87
50인 미만	246	3.93	3.96	3.94	3.79	3.96	3.85	3.93	3.93
50~99인	44	3.82	3.75	3.84	3.70	3.82	3.84	3.77	3.64
100~299인	59	3.83	3.97	4.00	3.98	3.90	4.07	3.95	3.81
300인 이상	51	4.08	4.04	3.92	4.10	4.08	3.96	3.96	3.84

자료 : 이수영, 사업주직업능력개발사업 활성화 방안에 관한 연구, 2014

사업주는 소속 근로자에게 직무능력을 향상하도록 지원하지 않으면 기업의 기술향상이 없다는 것을 너무나 잘 알

고 있다. CEO의 마인드에 따라 최소한의 기능을 위한 직무교육이 필요할 것인가, 아니면 최고의 숙련기술인력을 양성하기 위한 교육을 제공할 것인가 하는 판단의 기준만 있을 뿐, 언제나 상품생산을 통한 성과창출이라는 목표를 위해서는 소속 근로자의 직무능력향상이라는 필요조건소속 근로자의 직무능력 향상이 따라붙을 수밖에 없다.

② 회사 경쟁력제고를 위한 핵심인재 육성

사업장에서는 단기적으로 사업을 하고 중단하지 않는 이상 사업을 효과적으로 이끌어 나갈 핵심인재가 필요하다. 사업주가 해당 사업장에서 파생된 모든 사업에 관여하여 지휘하기가 물리적으로 가능하지 않을뿐더러 생산업무을 효율적인 운영을 위해서도 핵심인재는 꼭 있어야만 하는 존재이다.

기업에서 중요한 포지션에 있는 핵심인재는 단기간에 양성되지 않는다. 해당 업무에 대한 깊은 이해와 반복적인 생산활동을 통해서 만들어지는 것이다. 여기에 더 깊은 식견과 노하우에 대한 이해를 위해 사업주는 계속적인 교육훈련을 제공하고 있다.

③ 회사의 불황이나 생산물량 감소 시 인력유지

업종에 관계없이 거의 모든 사업장에서는 경기변화에 따라 불황과 호황을 번갈아 가며 경험한다. 때로는 대외적인 환경에 따라, 때로는 경영상황에 따라 기업에는 위기가 없을 수 없다. 이러한 경영상의 위기에 직면했을 때 사업주는 인원 감축을 통한 경비절감을 고민하게 될 것이다. 그러나 경영상의 위기 때마다 구조조정을 통해서 해결한다고 하면 기업의 미래는 보장되지 않는다. 어려울 때일수록 기업의 고유자산인 인력을 보유하고 고용을 보장하는 것이야말로 고도화된 경영전략일 수도 있다.

불황을 극복하면서 고용을 보장하기 위한 방편으로 사업주훈련을 적절히 활용할 수도 있다. 사업주훈련의 유급휴가훈련[6]을 통해 단기적인 생산물량 감소 시 훈련비와 인건비를 지원받으면서 교육훈련에 전환배치가 가능하기 때

---

6) 사업주직업능력개발훈련규정 제17조 5항, 사업주가 고용된 피보험자에게 일정한 요건을 갖춘 유급휴가를 주어 실시하는 직업능력개발훈련을 유급휴가훈련이라 규정한다. 이때 유급휴가는 연차유급휴가가 아닌 경우로서, 휴가기간 중 통상임금에 해당하는 금액 이상의 임금을 지급한 경우 인정하고 있다. 유급휴가 기간은 계속하여 60일 이상(우선지원대상기업 근로자는 계속하여 5일이상)이 되어야 하며, 훈련시간은 180시간 이상의 훈련(우선지원대상기업 은 20시간 이상의 훈련)일 경우에만 지원이 된다. 지원금액은 훈련시간 × 시간급 최저임금액(우선지원대상기업은 × 150%)이나, 사업주가 근로자에게 지급한 임금 중 참여 훈련시간에 해당되는 금액을 초과해서 지급하지 않도록 하고 있다. 산업인력공단에서는 근로자가 받은 임금을 확인하기 위해 훈련 전후에 해당되는 3개월간의 임금내역서를 제출받고 있다.

문이다. 특히 IMF시절의 국가적인 불황이나 최근에 벌어지는 조선업 불황으로 인해 유급휴가 수요가 급격히 증가하고 있다. 근로자에게는 해고 없이 교육훈련을 통해 인건비를 일정 보장하고 경기가 다시 살아날 때까지 고용보장을 할 수 있는 제도로 활용되고 있다.

④ 교육을 통한 복지환원 및 평생학습의 기회 제공

글로벌화 되고 있는 최근의 추세를 보면 근로자도 평생교육을 통해 자기계발을 해야 한다는 요구가 발생하고 있다. 인터넷의 발달과 놀라울 정도의 정보기술에 의해 자기계발의 방법은 참으로 다양하게 펼쳐져 있다. 개인적으로도 본인이 요구하는 방면의 학습이 가능하도록 길은 열려 있다. 그러나 사업장에 소속되어 있는 근로자에게 평생학습에 대한 경제적·시간적 여유는 그렇게 많지 않는 것이 현실이다.

〈그림2-2〉에서 보는 것과 같이 사업주훈련은 개인적으로 해결하기 힘든 교육에 대한 욕구를 해소해주기 좋은 제도이다. 교육훈련이 근무시간 내에 이루어짐에 따라 근로자의 개인 휴식권을 부여받으면서 교육을 제공받는다는 점은 상당한 이점이 있다. 또한 비용에 대한 부담 없이 사

업주가 제공해주는 직무교육을 받을 수 있다는 점도 장점
이 된다.

〈 그림 2-2 〉 사업주훈련의 참여 목적

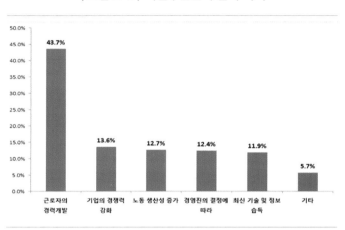

자료 : 한국산업인력공단, 사업주훈련 사업인지도조사보고서, 2018

교육훈련은 근로자가 받을 수 있는 가장 중요한 복지혜
택 중의 하나이면서 의무가 되어야 한다. 자신의 직무능력
을 사업주의 배려에 의해 향상시키고 다시 사업장에 자신
이 개발한 능력을 발휘하는 선순환을 통해서 기업을 발전
시키게 된다.

3) 사업주훈련 제도의 역사적 배경

(1) 사업주훈련 제도의 성립 및 발전과정

직업능력개발훈련은 중세 유럽의 수공업 발전과정에서 형성된 도제훈련(apperntice-ship)을 바탕으로 생성된 마이스터(Meister)제도에서 그 기원을 찾을 수 있는데 당시 수공업자들의 동업조합인 길드(Guild)의 회원이 되려면 일정규모의 사업체에서 3~5년간 도제훈련을 마치고 7~8년간 현장경험을 얻어 마이스터가 되어야만 수공업체를 경영할 수 있는 자격이 부여되었다.[7]

오늘날 우리나라에서 기업 내 인력개발과 관련 대표적인 법정 용어로 사용되고 있는 직업능력개발은 사실상 직업훈련과 동일한 개념으로 사용되고 있는 용어로서 1993년 12월에 제정된 고용보험법상의 직업능력개발사업이 그 기원이 된다.[8] 이 용어는 1995년 고용보험법이 시행되면서 직업훈련과 혼용되어 오다가 1997년 12월 직업훈련기본법이 폐지되고 1999년 1월 근로자직업훈련촉진법이 시

---

7) 민동준, "산학일체형 도제교육훈련 법제화방안" 한국교원대학교 석사학위논문, 2017, 6면.
8) 고용보험법은 근로자의 직업능력개발과 실업예방, 고용 기회를 확대시켜 근로자가 실업으로 인해 겪는 사회적·경제적 문제를 해소하자는 취지에서 제정된 법률이다. 1993년 12월에 제정하여 1995년 7월 1일부터 시행하고 있다. 실업급여는 1996년 7월 1일부터 시행되었다.

행되면서 본격적으로 사용하게 되었다.

1967년 1월 16일 직업훈련법의 제정으로 근로기준법 및 산업교육진흥법등에 의해 분산적으로 실시되어 오던 직업훈련은 일원화되어 국가적인 정식 제도로 출발하게 되었다.[9] 그 후 한 차례의 개정을 거쳐 1974년 12월, 일정규모 이상 사업주에 대해 매년 일정 비율의 인원을 의무적으로 양성하도록 하는 사업 내 직업훈련 실시 의무제도를 규정하는 직업훈련에 관한 특별조치법이 제정되고, 1976년 12월 31일에는 직업훈련법과 직업훈련에 관한 특별조치법을 통·폐합한 직업훈련기본법이 제정되게 되었다. 이 법은 직업훈련 분담금제를 설정하여 사업주로 하여금 훈련을 실시하거나 분담금을 납부하도록 강제 규정하고 있다. 1979년 12월 28일 직업안정촉진을 위해 사업 내 직업훈련을 양성훈련 이외에 전직훈련도 의무훈련에 포함되도록 1차 개정되었다.[10]

또한, 1981년 12월의 2차 개정[11]에서는 여성, 중·고령자 및 신체장애자에 대한 직업훈련의 중요성을 강조하고 직

---

9) 김태훈, "우리나라 직업훈련법제의 문제점과 개선방안 연구", 고려대학교 석사학위논문, 2009, 7면.
10) [법률 제3214호, 1979.12.28]
11) [법률 제3507호, 1981.12.31]

업훈련과정을 기능사와 직업훈련교사 이외에 사무·서비스직 종사자, 감독자, 관리자 등에까지 확대하고 사업내 직업훈련에 향상훈련 및 전 생애를 통한 지속적인 능력개발이 가능하도록 개정함으로써 기업에서의 직업훈련 의무를 대폭 강화하였다.

1991년 1월 14일 6차 개정된 직업훈련기본법[12]은 직업훈련과정을 양성훈련, 향상훈련, 전직훈련, 재훈련으로 구분하여 직무능력 향상 훈련 체제로 개편하고, 직업훈련 방법은 산업현장의 적응능력을 제고하기 위하여 집체훈련, 현장훈련, 또는 산학협동훈련으로 대폭 개편하였다. 또한 인력 수급상 직업훈련이 특히 필요한 사업은 사업 내 직업훈련의 우선적 실시 대상으로 지정하고, 직업훈련을 실시하지 않을 경우 분담금의 100분의 50범위 내에서 추가 납부하도록 개정하였다.

1993년 12월 27일의 직업훈련기본법의 7차 개정[13]에서는 신기술·신직종 훈련의 경우 직업훈련교사 면허가 없는 해당분야 전문가를 강사로 활용할 수 있도록 규정을 완화함으로써 사업 내 직업훈련을 활성화할 수 있는 여건을 마

---

12) [법률 제4331호, 1991.1.14]
13) [법률 제4639호, 1993.12.27]

련하였다.

1976년 제정되어 23년간 운영되어 오던 직업훈련기본법은 1995년 7월 고용보험법에 의한 직업능력개발사업의 도입에 따른 근로자직업훈련촉진법 제정으로 1997년 12월 24일 폐지하게 되었다.[14]

(2) 고용보험법의 직업능력개발사업 도입

급격한 산업사회의 변화로 인하여 양성훈련뿐만 아니라 재직자의 향상훈련, 재훈련 등의 중요성이 부각되고, 1995년 7월 고용보험법에 의한 직업능력개발사업의 도입으로 직업훈련의 중심이 기능인력 양성에서 근로자의 평생직업능력개발로 확대·발전되었다.[15] 고용보험상의 직업능력개발사업은 상시근로자 70인 이상 전 사업체에 적용하였으나, 제조업·건설업 등 6개 산업의 1,000인 이상 사업체는 직업훈련기본법에 의한 훈련의무제를 그대로 존속하게 하여, 그동안 양성훈련을 중심으로 사업 내 직업훈련원이 감당했던 인력양성의 급속한 감소를 방지하고자 하였다. 그

---

14) 김선광, "직업능력개발훈련의 효율성 제고 방안에 대한 연구", 충주대학교 석사학위논문, 2008, 19면.
15) 정재연, "우리나라 직업교육훈련제도의 개선방안에 관한 연구", 창원대학교 석사학위논문, 2006, 2면.

러나 이 고용보험법상의 직업능력개발제도는 시행상의 몇 가지 문제점을 드러냈다.

첫째, 두 제도의 공존으로 법규 적용상의 혼란이 발생하였다. 양성훈련의 존속을 겨냥하여 1,000인 이상의 기업체에게는 의무제도를 당분간 존치하여 두 제도가 공존하는 체제로 되어 있었으나 동일한 기업 내 인력개발사업임에도 사업체가 어느 법에 적용받느냐에 따라 전혀 다른 형태의 의무나 지원을 받게 되어 적용상의 혼란이 있었다.

둘째, 훈련비용 지원의 남용이었다. 직업능력개발사업의 도입 시 훈련의무제도의 각종 행정규제에 대한 불만의 해소 차원에서 훈련비용의 인정과정에 절차상의 규제완화가 있었다. 그러나 자체훈련시의 실 비용인정과 교육훈련기관 지정 시의 사전 명세서 제출은 (사후정산 없는) 훈련비용의 과다에 대한 억제장치가 없었기 때문에 훈련기관의 도덕적 해이로 엄청난 훈련비용의 증가를 가져왔다. 즉, 표준훈련비의 시간당 단가는 2천~3천 원 정도이나 교육훈련과정의 지정훈련비는 시간당 1만~2만 원 정도도 있었다. 이는 연간 훈련시간 1,400시간을 반영할 경우 연간 1,400만~2,800만 원 정도의 훈련비가 되는 것이었다.

이와 같이 이원적인 직업훈련제도는 법규 적용상의 혼

란, 각종 행정규제의 완화에 따른 훈련비용 지원의 남용, 그리고 훈련기관의 난립으로 인한 훈련부실의 우려 등 운영상의 비효율성의 문제점이 나타남에 따라 양 제도의 통합이 요청되었던 것이다. 특히, 정보화·국제화에 따른 산업구조의 변화 등으로 말미암아 직업능력의 개발·향상에 관한 새로운 직업훈련제도의 틀이 필요하게 되었다. 이와 같은 직업훈련의 환경변화에 적극적으로 대처하기 위하여 정부는 1997년 정기국회에서 직업훈련기본법을 폐지하고, 이를 대체하는 근로자직업훈련촉진법을 제정하게 되었다.

(3) 근로자직업훈련촉진법과 직업능력개발

근로자직업훈련촉진법의 제정에 따라 1999년 1월부터 직업훈련기본법에 의한 직업훈련의무제는 폐지되고, 전 사업장이 고용보험 직업능력개발사업의 적용을 받게 되었다. 직업교육훈련촉진법의 목적은 근로자 직업능력개발을 위한 훈련 등을 통하여 근로자가 직업능력을 최대한 개발·발휘하게 함으로써 근로자의 고용증진 및 지위향상과 기업의 생산성 향상을 도모하고 경제·사회발전에 이바지하는 것으로 되어 있다.[16] 여기서 말하는 근로자란 사업주에

---

16) 직업교육훈련촉진법 제1조 참조

게 고용된 사람과 취업할 의사가 있는 사람을 말한다.[17] 이 법의 기본방향은 직업능력개발훈련의 대상 및 영역을 확장시키고, 또한 직업훈련의 질적 향상을 도모하는 것이며, 기본적으로 이전 법과 다르게 새로이 시도하는 것은 훈련기관의 자율적인 경쟁체제의 도입이다.

이를 위하여 첫째, 훈련시장을 개방하여 종래의 주된 훈련기관이었던 비영리 법인을 위시하여 훈련기관으로 인정받은 기관과 영리법인, 개인, 학교 등도 직업훈련에 참여할 수 있도록 허용하였다.[18]

둘째, 이전의 직업능력개발을 위한 훈련과정이 단지 제조업, 생산직에 중심이 되었던 것을 사무서비스분야 및 정보통신분야에까지 훈련과정을 확대 개설할 수 있도록 하였다.

셋째, 시장경제체제가 도입된 훈련시장에서 시장성이

---

17) 근로자직업능력개발법 제2조 4항에서는 근로자에 대한 개념을 명확하게 하였다. 이 법에서 말하는 근로자는 근로기준법, 산업재해보상보험법에서의 근로자와는 개념의 차이가 있다. 근로기준법(제2조)에서는 "근로자란 직업의 종류와 관계없이 임금을 목적으로 사업이나 사업장에서 근로를 제공하는 자를 말한다"라고 규정하고 있다. 노동조합 및 노동관계조정법(제2조)에서는 "근로자라 함은 직업의 종류를 불문하고 임금·급료 기타 이에 준하는 수입에 의하여 생활하는 자를 말한다"라고 규정하고 있다. 근로자직업능력개발법에서 근로자를 취업할 의사가 있는 사람까지 포함하고 있어 가장 포괄적이고 광의의 근로자를 규정하고 있음을 확인할 수 있다(임종률, 노동법, 박영사, 2018, 33면 이하 참조)
18) 근로자직업능력개발법 시행령 제2조 및 동법 12조 참조

약한 부문 및 집단에 대한 지원을 위해 내실 있는 공공직업훈련을 실시하는 것이다.[19) 즉, 인력수급이 잘 안 되는 직종에 대한 훈련을 장려하고, 경제적 양자들(실업자, 장애인 등)에 대한 직업능력개발기회를 확대 제공하는 것이다. 이러한 교육훈련시장의 개방은 직업능력개발훈련의 다양화를 통하여 급변하는 산업구조의 변화에 따른 인력수요에 적절하게 대응할 수 있는 체제의 기반을 다진 것이라 할 수 있다.

4) 사업주훈련제도의 법적근거 및 종류

(1) 사업주훈련 제도의 법적 근거

사업주훈련과 관련된 법령은 고용보험법, 근로자직업능력개발법, 사업주직업능력개발훈련 지원규정(고용노동부고시 제2018-22호), 국가인적자원개발컨소시엄 운영규정(고용노동부고시 제2018-4호), 직업능력개발 훈련기관 지도·감독에 관한 규정(고용노동부예규 제112호), 직업능력개발훈련 품질관리에 관한 규정(고용노동부고시 제2017-

---

19) 직업능력개발법 제2조에서는 직업능력개발훈련 시설을 설치할 수 있는 공공단체의 범위를 대통령령으로 정하여 한국산업인력공단법에 따른 한국산업인력공단(한국산업인력공단이 출연하여 설립한 학교법인을 포함한다), 장애인고용촉진 및 직업재활법에 따른 한국장애인고용공단, 산업재해보상보험법에 따른 근로복지공단으로 지정하였다.

14호), 고용보험 전자서비스 이용에 관한 고시(고용노동부 고시 제2018-17호) 등이 있다.

　사업주훈련을 시행할 수 있는 법적 근거 중 첫 번째로 들 수 있는 것이 고용보험법이다.[20] 고용보험법 제1조에 의하면 "고용보험의 시행을 통하여 실업의 예방, 고용촉진 및 근로자의 직업능력의 개발과 향상을 꾀하고, 국가의 직업지도와 직업소개 기능을 강화하며, 근로자가 실업한 경우에 생활에 필요한 급여를 실시하여 근로자의 생활안정과 구직 활동을 촉진함으로써 경제·사회 발전에 이바지하는 것을 목적으로 한다"라고 명시되어 있다.

　고용보험법은 실업의 예방과 고용촉진, 근로자 능력개발의 3가지 국민 서비스를 목적으로 만들어졌다고 해도 과언이 아닐 정도이며, 특히 실업을 예방하고 고용을 촉진하는 도구로서 근로자 직업능력개발을 시행할 수 있는 근거를 만들고 있다. 따라서 1조의 목적을 달성하기 위해 고용노동부에서는 고용안정사업과 직업능력개발사업 등을 의욕적으로 추진하고 있으며, 이 법에 의한 사업의 수혜자는 전 국민에 이를 정도로 범위가 넓어졌다.

---

20) 사업주직업능력개발훈련지원규정 및 국가인적자원개발컨소시엄운영규정 등 기업과 근로자의 능력개발훈련에 관한 사항은 고용보험법에 따라 고시되고 있다.

구체적인 사업주훈련에 대한 사항은 동법 27조에서 명시되어 있다. 27조에 의하면 "고용노동부장관은 피보험자 등의 직업능력을 개발·향상시키기 위하여 대통령령으로 정하는 직업능력개발 훈련을 실시하는 사업주에게 대통령령으로 정하는 바에 따라 그 훈련에 필요한 비용을 지원할 수 있다"고 하여, 이 법에 의해 실시하는 사업의 구체적인 비용지원 방안을 마련해 놓았다.

다음으로 직접적인 사업주훈련 실시를 근거로 하는 법은 근로자직업능력개발법이다. 이 법의 목적 또한 "근로자의 생애에 걸친 직업능력개발을 촉진·지원하고 산업현장에서 필요로 하는 기술·기능 인력을 양성하며 산학협력 등에 관한 사업을 수행함으로써 근로자의 고용촉진·고용안정 및 사회·경제적 지위 향상과 기업의 생산성 향상을 도모하고 능력중심사회의 구현 및 사회·경제의 발전에 이바지함을 목적으로 한다."라고 하여 사업주훈련을 실시하는 배경과 이 사업을 통해서 이루고자 하는 바를 명확히 하고 있다.[21]

근로자 직업능력개발법에 의해 여러 형태의 능력개발사

---

21) 근로자직업능력개발법 제1조 참조

업이 실시되고 있으며,[22] 사업주직업능력개발훈련 지원규정 및 국가인적자원개발컨소시엄운영규정 등을 통하여 세분화된 각 사업을 추진할 수 있는 근거를 마련해 놓았다. 또한 부정훈련을 제재하기 위한 직업능력개발 훈련기관 지도·감독에 관한 규정[23]도 있다. 직업능력개발훈련 품질관리에 관한 규정[24]은 직업능력개발의 질관리를 통해 더욱 실효성 있는 능력개발사업을 추진하기 위하여 제정된 법이다.

(2) 사업주훈련의 실시주체 및 대상

사업훈련의 실시주체는 사업주이다.[25] 사업주는 근로자를 대상으로 직업능력개발훈련을 실시하고, 직업능력개발훈련에 많은 근로자가 참여하도록 하며, 근로자에게 직업능력개발을 위한 휴가를 주거나 인력개발담당자(직업능력

---

22) 〈그림1〉(7면 참조)과 같이 실업자훈련, 재직자훈련, 컨소시엄훈련 등 훈련대상 및 방법에 따라 훈련의 형식도 다양하게 진행되고 있다.

23) 동 규정은 직업능력개발 훈련을 실시하는 자 등에 대한 지도 · 감독에 필요한 사항을 규정함을 목적으로 하고 있다. 지도 · 감독의 범위, 종류, 방법, 주기, 요령 등 구체적인 사항을 규정한다.

24) 직업능력개발훈련 품질관리 업무를 통일적이고 체계적으로 수행할 수 있도록 훈련기관에 관한 평가 및 인증, 훈련과정 적정성 및 성과 평가, 부정훈련 방지 등 직업능력개발훈련 품질관리 업무에 관한 세부 규정을 마련하기 위해 제정하였다.

25) 사업주 직업능력개발훈련 매뉴얼(2017년 8월) p.17. '사업주'란 고용보험법상 직업능력개발사업의 적용을 받는 사업주이다.

개발훈련시설 및 기업 등에서 직업능력개발사업의 기획·운영·평가 등을 하는 사람을 말한다. 이하 같다)를 선임하는 등 직업능력개발훈련 여건을 조성하기 위한 노력을 하여야 한다.[26]

"사업주"의 개념에 대해 산업안전보건법에서는 「근로자를 사용하여 사업을 행하는 자」로 규정하고 있다.[27] 즉, 사업주란 그 사업에 있어서 경영주체를 말하며, 개인기업에 있어서는 사업주 개인, 회사 기타 법인의 경우에는 그 법인 그것을 말하게 된다. 또 여기서는 근로자를 사용하는 것에 한정하고 있기 때문에 동거하는 친족만을 사용하는 사업주는 사업주가 아니다.

또 산업안전보건법에서 말하는 사업주는 기업설비의 소유자에 한정되지 않고, 예를 들면 기업설비를 임차(賃借)한 사람이 그 사업의 운영주체가 되어 있다면 그 사람이 사업주에 해당된다.[28] 결국, 사업경영의 주체로서 손익계산에 귀속하는 사람이 산업안전보건법에서 말하는 사업주다.

---

26) 근로자직업능력개발법 제4조
27) 산업안전보건법 제2조 참조
28) 산업안전보건법 제2조 3항에 의하면 "사업주란 근로자를 고용하여 사업하는 자"로 정의하여 사업을 함에 있어 생산시설이나 설비의 소유 여부에 상관없이 근로자와의 고용관계에 있는 지위의 사람을 지칭한다.

일반적으로 경영학이나 고용노동학에서는 사업주를 그 사업의 경영주체로 근로자를 사용하여 사업을 운영하는 자로 규정하고 있다.[29]

　사업이 영리를 목적으로 하는 경우에는 그 손익의 귀속자이다. 개인기업의 경우에는 기업주 개인이며, 법인기업의 경우에는 법인 그 자체이다. 사업주는 경영주체로 근로자와 사용종속관계에 있는 경우 사업의 종류를 묻지 않으며 영리를 목적으로 하는가의 여부도 가리지 않는다. 또 개인이나 단체 또는 국가인 경우에도 다르지 않다. 행정관청이 사법상 근로계약을 체결한 경우 그 근로계약관계의 권리의무는 행정주체인 국가에 귀속하므로 국가도 근로계약관계에서 「노동조합 및 노동관계조정법」에 정한 사업주로서 단체교섭의 당사자로서의 지위를 갖는다.[30]

---

29) 실무노동용어사전 참조
30) 노동조합 및 노동관계조정법 제2조 2항 참조

〈 표 2-3 〉 고용보험 적용사업장 및 적용 제외 대상

당연적용 사업	임의가입 사업	적용제외 대상
근로자를 고용하는 모든 사업 또는 사업장의 사업주는 원칙적으로 고용보험의 당연가입 대상임 다만, 사업장의 규포 등을 고려하여 일부사업장 고용보험 당연 가입대상에서 제외하고 있음	사업의 규모 등으로 고용보험법의 당연가입 대상 사업이 아닌 사업의 경우 근로복지공단의 승인을 얻어 보험에 가입할 수 있음. 이 경우 사업주는 근로자 과반수 이상의 동의를 얻은 사실을 증명하는 서류를 첨부해야 함	* 농업,임업,어업 및 수렵업 중 법인이 아닌자가 상시 4명 이하의 근로자를 사용하는 사업 * 가구 내 고용활동 및 달리 분류되지 아니한 자가 소비 생산활동 *「고용보험 및 산업재해보상보험의 보험료 징수 등에 관한 법률 시행령」제2조제1항제2호에 따른 총공사금액이 2천만 원 미만인 공사 * 연면적 100제곱미터 이하인 건축물의 건축 또는 연면적이 200제곱미터 이하인 건축물의 대수선에 관한 공사

자료 : 고용보험법 제8조 및 고용보험법 시행령 제2조

　　사업주는 일반적으로 근로자와 근로계약을 체결한 근로계약의 한쪽 당사자이지만 반드시 근로계약을 체결할 필요는 없고 실질적으로 근로관계가 있으면 무방하다. 또 현실적으로 근로관계가 있을 필요도 없다. 예컨대, 해고된 근로자가 해고의 효력을 다투고 있는 경우에는 과거의 사용자도 사업주이다. 또 결합기업의 경우 모회사(지배회사)는 자회사(종속회사)의 사용자가 될 수 있다. 다만, 법인의 경우 법인 자체가 사업주이므로 회사의 주주인 지입차주는 근로자와의 관계에서 사업주가 아니고 회사가 곧 사업주이다. 사업주훈련에서 정의하는 사업주는 고용보험법상

직업능력개발사업의 적용을 받는 사업주이다.[31] 고용보험법에서는 1인 이상의 근로자를 고용하고 있는 모든 사업장에서 고용보험을 적용받는다는 전제하에, 다만 적용제외사업장을 명시하고 있다. 따라서 〈표 2-3〉에서와 같이 몇몇 '적용제외 대상 사업장'을 제외하면 거의 모든 사업장에서 고용보험을 가입해야 하므로, 사업주 직업능력개발훈련도 고용보험을 가입하고 있는 모든 사업장에서 활용가능하다는 말이 된다.

〈 표 2-4 〉 고용보험 적용 제외자

1. 65세 이후에 고용되거나 자영업을 개시한 자
2. 소정(所定)근로시간이 대통령령으로 정하는 시간 미만인 자
3. 「국가공무원법」과 「지방공무원법」에 따른 공무원. 다만, 대통령령으로 정하는 바에 따라 별정직공무원, 「국가공무원법」 제26조의5 및 「지방공무원법」 제25조의5에 따른 임기제공무원의 경우는 본인의 의사에 따라 고용보험(제4장에 한한다)에 가입할 수 있다.
4. 「사립학교교직원 연금법」의 적용을 받는 자
5. 그 밖에 대통령령으로 정하는 자

자료 : 고용보험법 제10조(적용제외)

훈련실시 대상은 연령을 기준으로 했을 때 15세 이상의 근로자이다. 단지 65세 이상으로서 고용보험 적용제외자

---

31) 1998년 10월1일부터 1인 이상의 근로자가 있는 사업주는 의무적으로 고용보험에 가입해야 한다. 따라서 1인 이상의 근로자를 고용하는 사업 및 사업장의 사업주는 사업주훈련의 주체가 된다.

를 훈련대상으로 판단하는 기준은 역시 고용보험 가입여부이다. 자율적인 판단으로 고용보험에 가입한 자는 훈련대상이 당연히 되겠지만, 대부분의 고령 근로자가 고용보험에 가입하지 않은 현실에서 훈련의 대상도 되지 않는다고 보는 것이 일반적이다.

훈련실시대상을 채용형태별로 구분할 경우에는 〈표 2-4〉에서와 같이 고용보험을 가입한 재직 근로자(적용제외자 제외)에 해당된다. 그러나 사업주훈련을 실시하는 주된 취지가 근로자 직무능력 향상과 더불어 신규 근로자의 양성도 포함되기 때문에 이미 재직하고 있는 근로자뿐만 아니라 미래에 근로를 할 예비 재직자도 포함시켜주고 있다. 이때 반드시 예비 재직자는 사업주에게 채용을 약정하고 있는 상태이어야 가능하다. 또한 당장 채용을 약정하지 않아도 지방 고용관서에 구직등록을 하고 있는 구직자도 훈련대상에 포함시켜주고 있다.

사업주훈련을 실시할 수 있는 주체가 고용보험법상 직업능력개발사업의 적용을 받는 사업주라고 정의되지만, 사실상 중소기업의 교육훈련 활성화와 열악한 여건을 지원하기 위해 우선지원대상기업을 지정하고 대기업에 비해 전폭적으로 지원하여 훈련 사각지대를 해소하고자 노력을

보이고 있다.[32]

　우선지원 대상기업은 〈표 2-5〉과 같이 산업별로 상시 사용하는 근로자수에 따라 고용안정·직업능력개발을 위해 우선적으로 고려되는 기업을 정의한다. 상시근로자수에 의해 우선지원대상기업에 해당되지 않더라도 중소기업법에 의한 중소기업은 우선지원대상기업으로 간주하고 있다는 점도 주목 할 만 하다.

---

32) 고용보험법 제19조 제2항 참조. 고용안정·직업능력개발 사업을 실시할 때에는 근로자의 수, 고용안정·직업능력개발을 위하여 취한 조치 및 실적 등 대통령령으로 정하는 기준에 해당하는 기업을 우선적으로 고려하여야 한다.

〈 표 2-5 〉 우선지원대상기업의 상시 사용하는 근로자 기준

산업분류	상시근로자수	비고
제조업(다만, 산업용 기계 및 장비 수리업은 그밖의 업종으로 본다)	500명 이하	업종의 구분은 통계법 제22조에 따라 통계청장이 고시한 한국표준산업 분류에 따름
광업	300명 이하	
건설업		
운수업		
정보통신업		
사업시설관리 및 사업지원 서비스업(다만, 부동산 이외 임대업은 그 밖의 업종으로 본다)		
전문, 과학 및 기술 서비스업		
보건업 및 사회복지 서비스업		
도매 및 소매업	200명 이하	
숙박 및 음식점업		
금융 및 보험업		
예술, 스포츠 및 여가관련 서비스업		
그밖의 업종	100명 이하	

자료 : 고용보험법 시행령 제12조(우선지원 대상기업의 범위), 별표

(3) 사업주훈련의 종류

사업주훈련의 종류는 여러 가지 방법으로 구분된다. 대체적으로 훈련을 실시하는 주체에 따라, 훈련의 대상에 따라, 훈련방법에 따라 각각 구분한다.

① 훈련주체에 따른 구분

훈련을 실시하는 주체가 누가 되느냐에 따른 구분이다. 사업주가 자체적으로 훈련계획을 수립하여 진행하는 훈련을 자체훈련[33]이라고 한다면, 사업주가 훈련을 직접 실시하지 않고 외부의 전문 훈련기관과 위탁계약을 체결하여 훈련을 의뢰하는 방식을 위탁훈련[34]이라고 한다. 자체훈련은 사업주의 시간적 여건과 생산 환경을 고려하여 사업주의 훈련목적과 방법에 맞게 훈련을 실시할 수 있는 장점이 있고, 위탁훈련은 사업주의 불필요한 행정적, 시간적 노력이 적게 들어갈 수 있는 장점이 있다.

② 훈련대상에 따른 구분

훈련에 참여하는 대상에 따른 구분이다. 채용예정자, 구직자 등을 대상으로 기초적 직무수행능력을 습득시키기 위하여 실시하는 훈련을 양성훈련이라고 하며,[35] 근로자

---

33) 사업장 내에서 자체적으로 실시하는 훈련을 말한다. 일반적으로 자체훈련을 사업주훈련의 기본 모형으로 보고 사업주가 직접 훈련하기 어려운 상황을 지원하기 위한 방편으로 위탁훈련 기관을 활용하는 방법이 있다고 보아야 한다.
34) 사업주훈련위탁훈련을 실시할 수 있는 곳은 직업능력개발훈련시설, 고등교육법에 의한 학교, 평생교육시설, 평생직업교육학원, 다른 법령에 따라 직업능력개발훈련을 실시할 수 있는 기관 등 이다.(사업주직업능력개발훈련 매뉴얼 33면 참조)
35) 양성훈련은 훈련대상의 성격상 실업자 훈련에 가까우나, 사업주가 미래의 재직자들을 양성하여 채용을 한다는 전제하에 사업주훈련으로 인정된다.

등 양성훈련을 받은 사람이나 기초적 직무수행능력을 가지고 있는 사람에게 더 높은 수준의 직무수행 능력을 습득시키기 위하여 실시하는 훈련을 향상훈련이라 한다.

또한 근로자 등에게 종전의 직업과 유사하거나 새로운 직업에 필요한 직무수행 능력을 습득시키기 위하여 실시하는 훈련을 전직훈련이라고 한다.

③ 훈련방법에 따른 구분

훈련방법에 따른 구분은 훈련을 실시하는 장소와 관련이 깊다. 훈련전용 시설 등 훈련을 실시하기 적합한 시설에서 훈련생을 모아놓고 실시하는 훈련을 집체훈련[36]이라고 하는데 일반적으로 가장 많이 활용되는 훈련이라고 할 수 있다. 이때 고용노동부에서는 산업체의 생산시설 및 근무장소는 훈련장소로 인정하지 않고 있다. 훈련 전용시설이라 함은 생산시설과 독립된 시설로서 직업능력개발훈련만을 실시하기 위하여 설치된 시설을 의미하고 있으며, 보통 훈련장소 뿐만 아니라 훈련실시를 위하여 제공된 시설이나 장비를 포괄하는 개념으로 많이 쓰인다. 생산시설이

---

36) 일반적으로 집체훈련의 장소는 강의실이 많이 활용되고 있으나, 반드시 강의실일 필요는 없다. 생산시설 외에 훈련의 직종에 따라 효율적인 장소를 활용하면 되는 것으로 보인다.

나 근무장소에서 훈련을 실시할 경우 근무시간 외의 시간을 이용하더라도 집체훈련으로 인정하지 않고 있다.

〈 표 2-6 〉 사업주훈련의 종류

구 분	훈련의 종류	구별방법
훈련의 주체에 따라	자체훈련	사업주가 자체적으로 진행
	위탁훈련	외부 훈련기관에 위탁
훈련의 대상에 따라	양성훈련	채용예정자, 구직자
	향상훈련	재직 근로자
	전직훈련	전직 대상자
훈련의 방법에 따라	집체훈련	훈련시설에 모아놓고 실시
	현장훈련	실제 근무장소에서 실시
	원격훈련	인터넷, 우편 등을 활용
	혼합훈련	두 종류 이상의 훈련을 병행

자료 : 사업주 직업능력개발훈련 업무매뉴얼(2017.8)

근로자가 사업장의 실제 근무장소(일상업무를 수행하는 장소)와 동일한 환경에서 상사 또는 선배로부터 직무와 관련되는 지식이나 기술을 습득하는 훈련을 현장훈련이라고 한다. 보통 사업장에서 실시되는 OJT(On the Job Training)[37] 성격이 강하기는 하지만, 정형화된 사업주훈

---

37) 직장 내 교육 및 훈련. 종업원과 경영자가 직무를 수행함으로써 기업목적 달성에 기여하는 동시에, 직무에 대한 훈련을 받도록 하는 제도이다.

련의 규정을 벗어나지 않기 위해서는 신고 된 훈련시간을 준수하고 반드시 강사와 훈련생이 의사소통을 주고받은 행위가 동일한 공간에서 이루어지는 것을 적합한 현장훈련으로 인정한다.

다음으로 정보통신 매체를 활용하여 훈련이 실시되고 훈련생 관리 등이 웹상으로 이루어지는 인터넷 원격훈련과 인쇄매체로 된 훈련교재를 이용하여 훈련이 실시되고 훈련생 관리 등이 웹상으로 이루지는 우편 원격훈련이 있다. 인터넷 원격훈련과 우편 원격훈련 훈련을 하는 형태가 실시간으로 한곳에서 보이지 않기 때문에 통제가 어렵고 이러한 상황을 악용하여 부정의 사례가 발생하기 쉽다는 점이 있다.[38]

마지막으로 집체훈련, 현장훈련, 원격훈련 중 두 종류 이상의 훈련을 병행하여 실시하는 훈련을 혼합훈련이라고 한다. 대체적으로 혼합훈련은 장기간에 걸쳐서 이루어질

---

38) 인터넷 원격훈련의 경우 온라인 강의를 수강하는 것이 훈련을 실시간으로 감독하기가 어려운 점을 악용한 부정사례가 지속적으로 발생하고 있다. 자칫 감독의 통제에서 벗어났다고 보기 쉬우나 명백한 훈련의 진행 상황이 pc의 기록으로 남기 때문에 오히려 정확한 적발이 가능하다는 점도 눈여겨 볼 만 하다. 즉 사후 부정훈련 적발이 가능하기 때문에 많은 부정훈련 사례가 남고 있다.
반면에 집체훈련이나 현장훈련의 경우 훈련의 실시간 형태가 눈으로 보여지기 때문에 부정의 유혹에서 낮은 편이나 오히려 훈련의 출석사항에 대한 관리가 출석부라는 기록외에 다른 자료가 남지 않기 때문에 사후 부정 발각이 쉽지 않다는 점은 원격훈련과 대조적이다.

수밖에 없어 운영이 어렵다보니 잘 활용되지 않는 편이다. 사업장의 훈련담당자들은 혼합훈련을 설계하기보다는 각각의 훈련을 일정에 맞게 설계하는 편이 효율적이라는 입장이 대체로 많다.

지원금의 의의

1) 직업능력개발훈련 지원금의 의의

1960년대 당시 우리나라는 일제의 자원 수탈 및 6. 25. 전쟁으로 인하여 경제가 피폐하여져 있었고, 산업구조도 농업이 대부분이었으며, 재정의 약 40%를 미국의 원조에 의존하고 있었다. 한편, 전쟁 이후 인구는 엄청나게 증가되어 빈곤이 심화되고 있었다. 이러한 정치·경제 상황에서 경제성장을 위해서 정부가 주도하는 경제개발계획을 통하여 경제발전을 이루고자 하였고, 국가 차관의 도입을 통하여 공공훈련시설을 갖추고 직접 직업훈련을 실시하였다.

그러나 1990년대에 들어와서 정치·경제·사회 환경의 변화로 인하여 국가 주도의 기능인력 양성보다 수요자인 민간이 주도로 전환할 것이 요구되었다. 특히, 1995년 고용보험제도를 도입하면서 납부한 고용보험에 상응한 한도에서 지원을 받는 방식으로 전환되었다. 즉, 지식경제와 평생학습사회로의 전환에 대응하여 근로자의 생애에 걸친 체계적인 능력개발이 요구됨에 따라 민간이 시행하는 직업능력개발훈련을 지원하여 산업현장의 요구에 능동적으로 대응하도록 고용보험기금을 재원으로 하는 지원금을 지급하게 되었다.

따라서 직업능력개발 지원금은 과거 직업훈련의무를 부과하여 사업주에게 근로자에 대한 직업훈련을 강제하고 이를 위반할 경우 분담금을 납부하도록 규제하는 방식의 문제점을 개선하기 위하여 도입된 것이다. 즉, 직업능력개발 지원금은 국민 개개인이 직업능력을 개발하여 더 많은 취업기회를 가지도록 하여 고용안정을 달성하기 위한 목적으로 국민에게 재산적 이익을 제공하고 그 반대급부로 직업능력개발훈련을 할 의무를 부과하는 것으로 정의될 수 있다.

2) 직업능력개발훈련 지원금의 법적 성격

우리나라는 부존자원이 빈약하여 경제발전을 위해서는 우수한 인적자원을 개발하고 활용하는 것이 중요하며, 이러한 인적자원의 개발은 오랜 기간이 소요된다. 인적자원개발을 위한 직업능력개발훈련 지원금은 행정주체가 경제적·사회적·문화적 구조개선을 위하여 사인 또는 사기업에 대하여 직접 또는 간접으로 자금 기타 재산적 이익을 제공하는 행정이므로 자금조성행정)에 해당한다.

즉, 직업능력개발훈련은 시장에 맡겨둘 경우 수익성이 떨어지므로 수요나 필요성에 비하여 공급이 적게 될 수 있는 분야로서 국가·지방자치단체 등 행정주체가 필요한 수준의 훈련이 이루어지도록 사인에 대하여 직접적 또는 간접적으로 자금, 기타 재산적 이익을 제공하는 행정활동을 말한다. 사업주나 훈련기관에게 제공되는 지원금은 금전상의 반대급부 없는 재산적 이익의 제공을 의미한다. 금전상의 반대급부는 없으나 수급자는 공익적 목적을 달성하기 위하여 일정한 행위를 할 의무를 부담한다는 점에서 사회보장급부와는 다르다.

또한 직업능력개발훈련 지원금은 고용보험기금으로 이루어지는바, 고용보험기금은 국가재정법 및 보조금 관리에 관한 법률에 따른 보조금이고, 직업능력개발훈련 지원금은 수급자가 지급목적에 위반하지 않는 한 반환의무가 없으므로 소비적 보조금에 해당한다.

3) 직업능력개발훈련 지원금의 법적 근거

(1) 견해의 대립

직업능력개발훈련 지원금 역시 자금조성행정의 일부에 해당한다. 자금조성행정영역에서도 법률유보의 원칙이 적용되는지에 관하여 학설상 대립이 있다.

① 법적근거가 필요 없다고 보는 견해
자금조성행정으로 인한 경쟁자의 경제적 조건의 변화는 단순한 반사효에 불과한 것이고, 헌법상 자금조성의 청구권은 인정되지 않고 있으므로 자금조성행정은 명시적 법률상 근거 없이 예산의 근거만으로 정당성이 인정된다고 본다. 다만, 경쟁자의 경제적 지위에 대한 침해가 수인가능성과 기대가능성을 넘는 경우 또는 장기적이고 사전에 수혜자의 범위를 확정할 수 없는 경우에는 법률의 근거가 필요하다고 본다.

② 특정한 경우에 한하여 법적 근거가 필요하다고 보는 견해
국민의 생활이 국가의 급부에 강하게 의존하고 있는 현대사회에서는 급부의 거부나 부당한 배분은 침익적 성격을 가지므로 자금조성행정에서도 법률의 근거가 필요하나, 자금조성행정은 탄력적인 운용이 필요한 영역이므로 반드시 법률의 근거를 요할 경우 오히려 국민에게 불리한 결과를 가져올 수 있다는 점을 고려할 때 자금조성행정의

경우 각 행정활동을 개별적·구체적으로 검토하여 국민에 대하여 본질적인 것으로 판단되는 사항에는법적인 근거가 필요하다고 본다.

③ 법적근거가 필요하다고 보는 견해

법률유보원칙은 기본적으로 자금조성행정의 영역에도 적용되며, 예산계획은 특정 목적에 특정 금액을 배분한 것이므로 구체적으로 누가 어떤 조건에서 얼마의 금액을 받을 수 있는지는 행정규칙 등의 형태로 실행될 수밖에 없는바, 이러한 방식은 법치국가적 측면에서 충분하지 못하므로 자금조성행정에도 법적 근거가 필요하다고 본다.

또한 오늘날의 국가에서는 자금조성행정에 대한 거부가 침해행정보다 더 큰 영향을 줄 수 있으므로 국민이 충분히 예견 가능하도록 법률의 근거가 필요하지만, 침해행정에서 보다 법률유보의 강도가 낮아 포괄적인 근거가 가능하다고 본다.

(2) 검토

자금조성행정은 경제적 상황에 적절히 대응할 수 있는 사회형성적 측면을 가짐과 동시에 정책의 추구과정에서 자유 침해적 측면이 존재하는 양면적인 속성을 가진다. 즉 자금조성행정은 경제학적 원칙인 비교우위를 침해하여 시장을 왜곡시키거나 자원의 효율적인 배분을 교란시키는 경우가 발생한다. 또한 자금조성행정 영역은 국가 예산의 범위에서 이루어져야 하는 것이고, 국가의 예산은 한정되어 있으므로 직업능력개발훈련 지원금에 사용된 재원은 다른 필요한 곳에 사용될 수 없다.

따라서 직업능력개발훈련 지원금을 신청하였으나 지급받지 못하는 근로자 또는 훈련기관의 경우 지원금으로 인하여 경쟁에서 뒤처질 수 있다는 점, 부정수급 문제 등이 발생할 경우 같은 재원을 육아휴직 등 다른 사용처에 사용할 수 없어 이중적 비효율이 발생할 수 있다는 점 등을 고려하면 직업능력개발훈련 지원금의 지급에 관한 행정작용에 대해서도 법적인 근거가 필요하다고 할 것이다.

특히, 근로자직업능력개발훈련 지원금은 고용보험기금을 재원의 근거로 하고 있고, 고용보험법 제80조 제1항 및 동법 시행령 제107조 제1항에서는 고용보험 기금의 용도를 고용안정·직업능력개발 사업에 필요한 경비, 실업급여의 지급, 육아휴직 급여 및 출산전후휴가 급여 등의 지급, 보험료의 반환, 일시 차입금의 상황금과 이자, 고용보험법과 보험료징수법에 따른 업무를 대행하거나 위탁받은 자에 대한 출연금, 보험사업의 관리·운영에 드는 경비, 기금의 관리·운용에 드는 경비, 보험료징수법에 따른 보험사무대행기관에 대한 교부금, 고용보험법과 보험료징수법에 따른 사업이나 업무의 위탁수수료 지급금으로 그 용도를 한정하고 있다. 즉, 직업능력개발훈련 지원은 특수한 목적에 한하여 사용할 수 있는 기금으로 집행하는 자금조성 행정이므로 법률유보 원칙이 적용된다고 할 것이다.[39]

---

39) 이동근, "한국산업인력공단이 수행하는 근로자직업능력개발훈련 지원금의 법적 문제에 관한 연구", 성균관대 박사학위논문, 2017, 149-153면 재인용.

주요 국가의 직업훈련제도 및 부정수급 방지제도

1) 미국

(1) 직업훈련제도 개관

미국의 직업교육훈련은 교육부가 관리하는 연방 정부차원에서의 직업교육과 노동부에서 주관하는 직업훈련으로 이원화되어 직업과 훈련과의 연계가 상당히 어렵다. 직업교육은 기본적으로 대학을 진학하지 않고 직업의 세계로 진입하는 학생들을 위한 교육이라고 할 수 있다.

미국은 교육부와 노동부로 이원화되어 진행하던 직업교육과 직업훈련을 80년대부터는 인적자원의 질 강화라는 정책방향에 따라 두 부처가 공조하여 직업교육과 일반교육 및 직업훈련간의 종합적인 연계체제 구축을 위한 활발한 움직임을 보이면서 발전해왔다.

2000년대에 들어서면서 지식기반 산업사회에 대한 준비체제를 강화하고 치열한 국제경쟁에서 경쟁력을 갖추기 위해, 미국은 인적 자원의 질 관리라는 과제를 최우선적인 중요한 국가 정책으로 두고 직업교육훈련에 대한 광범한 개혁을 시도하고 있다. 주요 특징은 종합적인 직업교육훈련체제의 정비, 직업교육훈련의 개념 확장, 그리고 산학 파트너쉽의 강화로 요약될 수 있다.

첫째, 연방정부의 교육부와 노동부간의 공조체제구축, 직업교육훈련 관계법의 정비시도와 같이 범국가적·범부처적인 인적자원개발을 위한 종합적인 정책수립을 위한 노력을 보이고 있다. 국가기술기준위원회(NSSB: National Skill Standards Board)을 설립하여 법령정비, 부처 간 공조 등의 하드웨어적인 것뿐만 아니라, 산업부문에서 요구되는 인적자원의 질을 명확히 기술하고 이를 교육훈련적인 용어로 번역해 놓은 기술수준의 국가적 체계 확립 등 소프트웨어적인 기반을 다지고 있다. 이를 통해 기술기준을 명확히 함으로써 직업교육훈련기관에게는 무엇을 가르칠 것인가를 정확히 전달할 수 있고, 또 이 기준에 따라 교육한 결과를 평가할 수 있어 교육기관의 책무성을 증진시킬 수 있다는 것이다.

둘째, 직업교육훈련의 개혁에서 볼 수 있는 또 하나의 경향은 직업교육훈련을 평생학습이라는 관점과 연계하여 직업교육훈련이 저학력·저소득층 등 소외계층만을 위한 것이 아니라, 사회의 전 계층·전 연령층을 대상으로 이루어져야하는 것으로 그 개념의 확장을 들 수 있다.

셋째, 직업교육훈련의 종국적인 수요자는 산업부문과 산업체인 만큼, 산업부문의 수요를 잘 반영할 수 있도록 직업교육훈련을 조정하는 경향이 강하다. 직업교육훈련 교육과정개발에 산업체 참여강화와 산업체에서 요구하는 기술기준의 확립 등이 대표적인 예라 할 수 있다.

결국, 최강국 미국이 최근에 보여주는 적극적인 직업교육훈련제도의 개혁 노력은 앞으로의 사회에서 우수한 인력의 질 확보가 국가 경쟁력확보의 관건임을 보여주고 있으며, 우리나라가 인력자원의 질 관리를 위해서 어떤 노력을 어느 정도로 해야 하는가를 역설적으로 말해준다고 할 수 있다. 특히, NSSB(National Skill Standards Board)를 중심으로 산업체 수요에 부응한 국가기술기준체계 확립의 시도는 우리에게 시사하는 바가 크다.[40]

(2) 고용보험 부정수급 방지제도

미국의 실업보험 제도는 연방사회보장법과 연방실업세법의 기본구조 하에 각 주별로 별도의 실업보험법을 제정하여 각 주별로 독립된 실업보험 제도를 운영하고 있는 것

---

40) 홍영표, "기업내 직업능력개발 활성화 방안", 연세대학교 석사학위논문, 2001, 30-40면 인용.

이 특징이다. 연방노동부는 각 주의 실업보험제도가 연방 사회보장법이 정한 기본 가이드라인에 따라 운영되는지 여부를 총괄적으로 감독하고 있다. 그러나 각 주의 실업보험운영의 책임은 주 정부가 가지고 있다. 따라서 실업급여의 수급 요건, 실업급여 금액, 실업급여소정급여일수 등은 각 주의 실업보험법에 의하여 개별적으로 규정되어 있다.

이러한 미국 실업보험제도의 특성으로 인하여 다른 나라에 비하여 상대적으로 실업급여 부정수급이 발생할 가능성이 높다. 왜냐하면 각 주의 실업보험의 수급요건이 상이하고 다른 주 정부의 근로자에 대한 정보에 대해서는 알 수 없기 때문이다. 이와 같은 문제점을 인식하고 미국은 실업보험제도를 도입하는 과정에서부터 실업급여의 부정수급 예방을 위한 제도적인 장치를 마련하기 위해 노력하였다. 그 결과 대부분의 주 실업보험법은 경험료율제도(experience rating system)라는 독특한 실업보험 요율제도를 도입하였다.

또한 실업급여의 부정수급의 예방과 적발에 많은 노력을 기울여 왔다. 연방노동부는 미국 전체의 실업급여 지급의 정확성을 높이고 부정수급을 예방하기 위하여 "질관리시스템(Quality Assurance System: QAS)"이라는 프로그램을 1980년대 말에 개발하여 각 주의 실업급여 신청자를 무작위로 추출하여 실업급여 지급의 정확성 여부와 부정수급자 색출에 활용해 왔다. 최근에는 QAS를 더욱 발전시킨 "실업급여 정확성 측정 프로그램(Benefit Accuracy Measurement: BAM)"과 "신규채용자 국가정보망(National Directory of New Hires: NDNH)"을 이용하여 실업급여 지급이 정확하게 이루어졌는지를 점검하고 부정수급자를 색출해내는 데 활용하고 있다.

그리고 실업급여 수급자의 적극적인 구직활동 노력을 강조하고 부정수급 가능성이 높은 취약 실업자를 '실업자 프로파일링시스템'을 통해 조기에 선별하여 집중적인 취업지원서비스를 맞춤식으로 제공함으로써 부정수급을 예방하는 데 노력하고 있다. 미국은 기본적으로 실업급여의 부정수급을 범죄로 인식하고 있다. 부정수급을 통해 누군가가 실업급여를 받아 가면 그만큼 실업보험기금의 사회적 손실이 발생하여 사업주가 더 많은 실업보험료를 부담해야 한다는 사실을 일반국민에게 주지시키고 교육을 실

시하고 있다.[41]

2) 독 일

(1) 직업훈련제도 개관

독일 직업교육 훈련의 가장 핵심적인 요소는 이원화제도(Dual system)라고 할 수 있다. 직업교육훈련은 학습장소인 직업학교와 사업 내에서 이루어지는 체계이다. 산업체에서는 직업훈련과 관련된 현장경험 중심의 영역을 담당하며, 이에 반해 직업학교들은 전공과 관련한 이론학습에 무게를 두고 있다. 사업 내 직업훈련은 연방법과 그에 관련된 규정에 의거하여 실행되는데, 법적인 근거는 1969년 제정된 직업교육훈련법에 기초하고 있다.

직업교육훈련을 담당하는 사업체와 직업학교는 서로 다른 법적인 규정을 따르게 된다. 사업 내 직업훈련은 연방법에 적용받고 있으며, 학교의 직업훈련과 관련된 부분들은 연방기본법에서 부여한 고유권한에 따라 각 주정부에 따르게 된다.

재정지원 주체와 관련해서는 3가지 형식으로 근로자의

---

41) 유길상, "외국의 고용보험 부정수급 방지제도 연구", 한국노동연구원, 2008, 4-5면 인용.

훈련을 실시한다. 첫째, 사업체에서 실시하는 계속훈련의 경우로 회사 직원들을 위한 훈련을 제공하는데, 사업체의 규모가 클수록 계속훈련을 실시하는 경우가 많다. 둘째, 고용촉진법에 의한 계속훈련으로서 이는 주로 연방노동사무소 및 지역노동사무소가 지원하는 훈련이다. 셋째, 개별적인 계속훈련의 경우로서 자비부담으로 훈련시장에 개설된 훈련코스에 다니는 경우이다.

〈 표 3-21 〉 독일의 계속훈련 법적 기초

연방정부	지방정부
- 직업훈련법 - 숙련공 규약(법전) - 고용촉진법 - 산업구성법 - 원격학습보호법 - 직업훈련촉진법	- 학교 및 대학법 - 계속훈련 및 성인교육법 - 교육휴가에 관한 법률

자료 : 나영선 외, 근로자직업훈련체제 발전방안, 한국직업능력개발원, 2000.

계속훈련은 연방정부와 지방정부의 공동 책임하에 다음과 같은 역할을 분담하고 있다. 〈표 3-21〉과 같이 연방정부는 학교에 기반 하지 않은 계속훈련을 관장하고 학교 내에서 실시되는 계속훈련에 대해서는 지방정부가 관장한다. 그러나 계속훈련과 관련된 재정적 지원, 교육훈련 등의 모든 문제는 다양한 국가법 및 지방법에 의해 통제받는다.

독일에서 훈련 실시자는 다음의 4가지 유형으로 구분된다. 첫째, 주 지역의 공공기관(예: 고등교육기관, 성인교육센터) 둘째, 사용자 및 노동조합(예: 수공업과 산업의 교육기관, 독일수공업노동조합연합회 및 독일 봉급생활자노동조합 추수훈련센터 등) 셋째, 전문직협회 및 수공업협회(예: 독일엔지니어협회 등) 넷째, 민간기관이다.

훈련 실시자의 다양성은 훈련 프로그램의 종류, 목적, 방법이 다양함을 의미하는 것으로 훈련기관간의 경쟁을 함축한다. 이 중에서 사업체와 고용주는 가장 핵심적인 훈련 실시자로서 계속훈련 참여자의 44%가 사업체 또는 고용주가 제공하는 훈련에 참여하였다.

다른 훈련 실시자로서 민간기관에 12%, 전문직협회에 7%, 교육기관에 5%, 전문교육기관에 5%, 성인교육센터 3%, 노동조합에 3% 정도가 참여하였다. 훈련실시기관별 세부 실시 현황은 다음과 같다.

① 사업내 훈련

사업내 훈련은 전형적으로 관리직 및 기술직, 숙련근로자들을 위한 단기과정을 제공한다. 각 부문별 특징은 다음과 같다.

모든 사업체의 3/5는 자사 종업원 훈련과정 및 세미나를 제공한다. 종업원 훈련과정을 제공하는 거의 모든 사업체는 훈련기관으로서 외부교육기관을 활용하며, 대규모 사업체일수록 사업체에서 실시되는 훈련을 선호하지 않는다. 금융보험업 사업체에서는 90% 사업체가 종업원 계속훈련을 실시하는 반면에, 호텔이나 음식업 사업체에서는 1/4정도만이 실시한다. 4/5의 사업체에서는 정보통신매체를 활용하여 자기 주도적 학습, 원격학습기법을 활용한다. 상급자를 통한 작업현장에서의 학습은 아직도 가장 일반적인 계속훈련 유형이다.

② 고용촉진법에 의한 국비 계속훈련

고용촉진법에 기초한 계속훈련은 보통 전일제의 4개월 ~12개월의 장기훈련이다. 직무친숙과정은 물론 향상 및 재훈련과정으로서 타겟 집단은 실업자 또는 실업위협에 직면한 미숙련 근로자이다. 이와 같은 종류의 계속훈련에 참여하기 위해서는 적성 및 기질테스트, 실업급여 수혜기간 등을 검토하여 자격을 인정받아야 하며, 훈련 종료 시 성취도 시험을 거치고 지역노동사무소에 인증하는 자격증을 발급받을 수 있다.

고용촉진법령하의 계속직업훈련은 연방노동사무소 및 지역사무소에서 실시된다. 주로 타겟 집단을 위한 계속훈련과정을 제공하기 위해 훈련기관과 계약하는 형식을 취한다. 이런 종류의 계속훈련에 대해서 사업체는 거의 관심이 없으며, 비용도 부담하지 않는다.

③ 자비훈련

자비훈련에 참가하는 사람들은 국가고시 등 시험을 거쳐서 자격증 취득하고자 하는 경우이다. 보통 2~3년간 계속훈련이 진행되며, 원격학습이 인터넷학습이 활용되기도 한다.[42]

(2) 고용보험 부정수급 방지제도

독일은 우리나라와 같이 고용보험체계 내에서 실업급여와 적극적 노동시장정책을 추진하고 있다. 독일은 고용보험 부정수급 방지를 위해 연방고용청의 본부에 부정수급문제를 담당하는 전담 조직을 두고 있고, 일선 고용사무소에는 부정수급 단속을 전담하는 인력을 여러 명 두고 있

---

42) 홍영표, 앞의 논문, 50-57면 인용.

다. 연방고용청의 일선기관인 고용사무소에 부정수급을 예방하고 단속하는 전담직원을 3천여 명 두고 있는데, 이는 전체인력의 약 3.5%에 해당한다. 물론 이들 인력이 고용보험의 부정수급만을 단속하는 것이 아니라 실업부조제도와 외국인 불법취업까지 단속을 하고 있지만 고용보험의 부정수급방지에 초점을 두고 있다.

실업급여의 부정수급은 실업급여 신청단계에서부터 실업급여 수급자격과 요건을 정확하게 검토하는 것이 중요하다. 신청자의 본인 여부의 확인과 피보험기간의 충족 여부, 이직사유의 정확성 여부, 일할 수 있는 의사와 능력이 있고 적극적으로 구직활동을 하였는지의 여부, 다른 일자리에 취업해 있으면서 실업급여를 신청하지는 않은지의 여부 등을 정확하게 판단하여야 한다. 이러한 점에 의심이 가면 부정수급 전담자에게 통보하여 심층적인 조사를 하게 한다.

고용보험전산망과 다른 사회보험전산망, 국세청의 사업장 설립신고 및 소득세납부 전산망 등 관련 전산망과 연계하여 교차검색을 정기적으로 실시하여 부정수급자를 검색하고, 부정수급자에 대한 국민의 신고제도도 적극적으로 활용하고 있다.

그러나 더욱 중요한 것은 실업급여 수급자가 실업급여에만 의존하지 않고 적극적으로 구직활동을 하여 재취업하도록 하는 것이다. 독일은 과거의 고용보험제도 및 고용서비스제도가 이러한 점에서 많은 문제가 있었다는 인식하에 1990년대 말부터 고용서비스와 고용보험제도의 개혁에 박차를 가하고 있다. 하르츠위원회를 구성하여 노동시장 개혁안을 만들고, 이를 하르츠법으로 구체화하여 실현하고 있다. 즉 연방고용청의 조직을 고객에 대한 서비스조직으로 개편하고 고용서비스에 있어서 민간부문에 대한위탁을 확대하며, 실업급여와 실업부조의 요건과 지급기간을 단축하며, 실업급여 및 실업부조 수급자격자에 대한활동성을 강화하는 개혁을 진행하고 있다. 이러한 노력은실업급여 수급자격자의 재취업을 촉진하고 부정수급을 방지하는데 매우 효과적인 것으로 평가하고 있다.

독일은 우리나라와 유사하게 적극적인 노동시장정책 프로그램을 고용보험기금을 이용하여 시행하고 있다. 따라서 고용보험의 부정수급 문제에 있어서 적극적인 노동시장정책 프로그램의 부정수급의 방지에도 노력하고 있다. 우리나라의 고용안정사업과 유사한 임금조금제도가 있으나 상담을 통해 취약한 구직자에게 다른 고용서비스와 연계하여 근로자에게 지급하기 때문에 상담과정이 없이 사업주에게 지급하는 우리나라의 경우에 비해 부정수급의 발생 가능성은 상대적으로 낮다. 그러나 이 부분에 대한 부정수급도 발생하고 있고, 각 고용사무소에서는 단속을 실시하고 있다.

이러한 부정수급 방지 노력에도 불구하고 독일에서 실업급여 부정수급으로 인해 손실된 금액은 전체 실업급여 지급액의 약 4%에 해당한다고 한다. 인구 약 60만 명의 도시로서 연방고용청 본부가 소재하고 있는 뉘른베르크(Nürnberg)시에서만 2007년에 약 1,200여 명이 100만 유로에 해당하는 금액을 부정한 방법으로 실업급여를 받다가 적발되었다고 한다.[43]

3) 일 본
(1) 직업훈련제도 개관

일본에서는 근로자의 고용 및 직업능력개발을 위하여 사업주, 사업주 단체 및 근로자에 대하여 적극적인 지원을 하고 있다. 이 중 사업주의 직업능력개발에 관한 지원제도

---

43) 유길상, 앞의 논문, 44-45면 인용.

는 직장적응훈련비, 생애능력개발 지원금, 인력고급화 지원금, 인정훈련 파견지원금, 소프트웨어 인력육성사업 파견 장려금, 직업안정 촉진 강습, 육아·간병 휴직자 직장복귀 프로그램 실시 지원금, 파견근로자 고용관리 연수 지원금 등이다.

① 직장적응훈련비

직장적응훈련비는 실제 작업장에서 훈련을 실시하며 작업 환경에 용이한 적응을 목적으로 실시되며, 훈련 후에는 현장 적응 훈련을 받은 사업방에의 고용을 목표를 한다. 훈련을 실시한 사업주는 현장적응훈련비, 훈련생은 고용보험의 실업급여가 지급된다.

② 생애능력개발지원금

생애능력개발 지원금은 기업의 직업능력개발 계획에 의하여 고용된 근로자를 대상으로 직업훈련을 실시하는 사업주에 대한 지원이며 근로자의 직업능력개발 향상을 목적으로 한다. 또한, 사업주는 사업내 직업능력개발 계획을 작성한 대에는 노동조합과 협의하여 직업훈련을 실시해야 한다. 이 생애 능력개발 지원은 능력개발 지원금과 자기계발 조성 지원금이 있다.

능력개발 지원금은 ㉮기업 내에서 집체훈련을 실시할 경우 훈련강사비, 교재비 등의 운영비, ㉯기업 외의 교육훈련 시설을 이용할 경우 입학금 및 수강료, ㉰훈련기간 중의 임금 ㉱고용안정을 위해 고령자에게 직업훈련비를 지원한 경우(수강장려금), ㉲고령자의 정년퇴직 후 재취직을 위해 하나의 훈련과정당 30일 이상의 훈련을 실시한 경우에 특별보장금 ㉳중소기업이 직업능력개발 추진자를 선임하여 최초로 사업 내 직업능력개발 계획서를 제출하고 그 계획에 의한 능력개발 지원금의 지급 결정으로 인한 도입 장려금이 있다.

자기계발 조성 지원금은 사업 내 직업능력개발 계획에 의해 근로자의 신청으로 유급교육훈련휴가를 받아 실시한다. 이것은 공공직업 능력개발시설, 고등학교, 대학 및 고등전문학교에서 실시하는 학교 교육, 각종 학교의 교육 중 직업인의 자질 향상을 위한 것이다. 교육훈련의 수강료, 유급교육훈련기간 중의 임금이 해당되며 지원금액은 기업규모, 지원대상에 따라 상이하다. 또한 지원기간은 연령에 따라 차이를 두고 있다.

③ 인력고급화 지원금

인력고급화 지원금은 고급인력 양성을 위해 교육훈련이나 자기계발 등 능력개발을 계획에 의해 실시하는 사업주를 지원하는 제도이다. 이 제도에는 인력고급화 사업 지원금, 인력 고급화 훈련운영 지원금 및 인력고급화 능력개발 지원금의 세 종류가 있다. 또한「중소기업노동력확보법」에 의한 중소기업자는 중소기업 고용창출 능력개발 지원금이 지급된다.

④ 인정훈련 파견 지원금

인정훈련 파견 지원금은 중소기업의 재직근로자가 기능습득을 위해 인정직업훈련시설에서 실시하는 인정직업훈련을 받을 경우, 중소기업 사업주에게 근로자의 직업능력개발을 목표로 지원하는 제도이다. 여기서 인정직업 훈련이란 사업주나 사업주 단체가 직업능력개발촉진법이 정하는 직업훈련기준에 적합한 훈련을 실시할 겨우, 도도부현 지사가 인정한 훈련을 칭한다.

⑤ 소프트웨어 인력육성사업 파견 장려금

지역 소프트웨어센터에서 실시하는 직업훈련에 재직근

로자를 파견한 사업주에 대한 지원으로 소프트웨어 인력의 육성을 목표로 하고 있다.

⑥ 재취직 촉진 강습 지원금

재취직을 목적으로 필요한 지식을 습득하려 할 때 지원하는 제도로서 재취직 촉진 강습 장려금, 재취직 촉진 강습 수강 지원금의 두 종류가 있다.

⑦ 직업안정 촉진 강습 지원금

직업안정 촉진 강습 지원금은 임시직, 일용직 근로자 등 불안정한 취업상태에 있는 근로자에게 직업에 필요한 지식, 기능을 습득하여 직업안정을 도모하기 위한 제도로 강습 위탁비와 수강 지원금의 두 종류가 있다.

⑧ 육아·간병 휴직자 직장복귀 프로그램 실시 장려금

육아·간병 휴직자 직장복귀프로그램 실시 장려금은 육아 유직자나 간병 휴직자의 직장적응이나 직업능력의 저하를 방지하고 직장복귀프로그램을 계획적으로 실시하는 사업주에 대한 지원으로 기업에서 근로자의 능력을 효율적으로 발휘하기 위한 조치이다.

⑨ 파견근로자 고용관리 연수 지원금

파견업을 실시하는 파견 사업주가 파견책임자 등 고용관리자에게 파견근로자의 고용관리 개선에 필요한 지식을 습득하기 위한 연수를 실시할 경우, 그 경비를 지원하는 제도이다. 여기서 고용관리자라 함은 파견책임자나 파견근로자의 복지후생 증진에 관한 사항을 관리하는 자를 말한다.

일본의 직업능력개발 지원제도의 특징은 첫째, 사업주 등이 근로자의 직업능력개발을 위한 교육훈련비의 지원을 받기 위해서는 기본적으로 기업이 고용보험 적용 사업장이어야 한다.

둘째, 사업 내 직업능력개발 계획을 세워 계획적인 근로자의 교육훈련을 실시해야 하고, 인정직업훈련을 받는 등 환경이 정비되어 있어야 한다.

셋째, 지식·정보화 시대 적합한 소프트웨어 인력육성을 위한 교육훈련과 고부가가치 창출을 위해 고급인력의 육성 등에 적극적인 지원을 하는 것이다.

넷째, 평생교육차원에서 생애능력개발 지원금과 비즈니스 캐리어제도(직업능력습득제도) 등의 능력개발의 지원 범위 및 내용이 매우 다양하다.

다섯째, 사회보장차원에서 기업의 비용을 최소화하기 위해 휴직 후 직장에 복귀할 경우, 직장적응훈련비나 직장복귀훈련에 대한 지원을 실시하는 것이다.[44]

(2) 고용보험 부정수급 방지제도

일본은 우리나라와 같이 실업급여 이외에 고용보험제도내에 적극적 노동시장정책 프로그램으로서 고용안정사업과 능력개발사업을 두고 있다. 고용복지사업은 1974년부터 시행하다가 2008년에 폐지되었다. 고용보험의 부정수급과 관련해서는 일본은 미국이나 영국과 같은 집중적인 노력을 기울이고 있지는 않으나 고용보험의 부정수급 방지를 위해 상당한 노력을 기울이고 있다. 그런데 일본의 고용보험 부정수급 방지노력은 실업급여에 한정되어 있고 고용안정사업과 능력개발사업에 대해서는 부정수급 방지를 위해 특별한 노력을 기울이고 있지는 않은 것으로 보인다. 이는 후생노동성의 내부자료에서도 확인되는데, 후생노동성은 실업급여에 대해서는 부정수급적발건수와 부정수급액수에 대하여 파악하고 있으나 고용안정사업과 능력개발사업에 대해서는 부정수급적발건수와 부정수급액에

---

44) 홍영표, 앞의 논문, 59-71면 인용.

대해서 파악하고 있지 않은 데서도 유추할 수 있다.

일본의 고용보험부정수급방지제도는 이와 같이 실업급부에 한정되고 있는데 일본 정부가 실업급여부정수급방지를 위한 주요방법은 다음과 같다.

첫째, 실업급여 수급자격자에 대하여 교육과 홍보를 통해 부정수급을 초래하는 일이 없도록 주지시키는데 노력하고 있다.

둘째, 부정수급의 방지와 적발을 위해 실업급여수급자격을 확인하는 과정에서 부정수급이 발생하지 않도록 관련서류와 구직활동의 진정성 여부를 철저히 파악하기 위해 노력하고 있다. 특히 취업한 상태에서 실업급여를 받고 있지는 않은지를 확인하기 위해 불시에 실업급여수급자의 가정을 방문하거나 실업인정일 또는 실업인정일 당일의 출석시간을 변경하여 일을 하다가 온 흔적은 없는지 등을 집중조사하기도 한다.

셋째, 각 공공직업안정소에 부정수급자를 적발하는 것을 주 업무로 하는 조사관을 배치하여 부정수급자를 집중적으로 단속하도록 하고 있다. 각 공공직업안정소에 1~2명의 부정수급조사관을 배치하여 좌석을 실업급여담당자 바로 뒤쪽에 위치하게 하고 큼직한 글씨로 "부정수급조사관"이라는 직함을 표시하여 실업급여수급자가 부정한 방법으로 실업급여를 받게 되면 적발될 것이라는 무언의 메시지를 보내고 있다. 또한 각 지방 도·도·부·현에는 지방고용보험감찰관을 배치하여 당해 지역에서 발생하는 고용보험의 부정수급 전반에 대하여 감찰하고 후생노동성 본성에는 7명의 중앙감찰관이 고용보험에 대한 감찰활동을 하고 있다.

넷째, 고용보험전산망과 다른 사회보험 및 세금납부전산망 등을 종합적으로 연계하여 실업급여를 받으면서 취업한 자를 검색해 내고 있다.

다섯째, 일반 주민의 신고에 의해서 고용보험부정수급자를 적발해 내고 있다. 전체 부정수급적발건수의 약 1할은 제3자의 신고에 의해서 적발되고 있다.[45]

4) 시사점

고용보험제도가 건전하게 운용되기 위해서는 수급자격이 있는 사람에게 정확한 금액을 지급하는 것이 중요하며, 이를 위해서는 수급자격이 없는 사람이 부정한 방법으로 고용보험 급여를 받거나 수급자격이 있는 사람이라도 과

---

45) 유길상, 앞의 논문, 55-56면 인용.

다 또는 과소 지급받는 일이 없도록 하여야 하고, 수급자격 기간을 초과하거나 미달하여 지급되지 않도록 하여야한다. 즉, 정확한 고용보험 급여지급이 이루어져야 부정수급을 방지할 수 있다.

고용보험제도는 법령에서 정한 수급자격의 판단기준이 실제 적용에 있어서는 매우 어려운 경우가 많다. 예를 들면, 자발적 이직자의 경우 실업급여를 지급하지 않거나(한국, 미국 등) 지급하더라도 일정기간 유예한 후에 지급하게 되므로(영국, 독일, 일본 등) 이직사유를 정확하게 확인하여 자발적 이직자인지 여부, 그리고 자발적 이직자라면 자발적으로 이직을 할 수밖에 없었던 정당한 이유가 있었는지를 확인하여야 하고, 이 경우 정당한 사유가 있는 자발적 이직자인지의 여부의 판단을 하여야 한다. 그런데 자발적 이직의 정당성에 대한 판단이 명확한 경우도 있지만 명확하지 않은 경우도 있어 이직 당시의 상황을 정확하게 파악하는 것이 대단히 중요하다. 실업급여를 받기 위해서는 적극적으로 구직활동을 하여야 하는데, 실업급여 수급자격자가 구직활동을 진정으로 열심히 하였는지를 획일적·기계적으로 판단하지 않고 수급자격자의 이직 전 직업과 연령·학력 등 개인적인 속성, 이직 후 실업기간 등에 따라 유연하게 판단하여야 하는 어려움이 있다. 이러한 이유로 인하여 고용보험은 사회보험 가운데서도 가장 시행이 어려운 제도에 속하며, 그만큼 부정수급의 발생 가능성도 높다.

미국은 고용보험 부정수급 방지를 위해 다양한 첨단 기법을 동원하고 많은 투자를 하고 있고, 독일은 2002년 이후 고용보험 부정수급 방지를 위해 미국과 영국의 사례를 벤치마킹하고 있다. 일본은 고용보험 부정수급 방지를 위한 노력은 상대적으로 다른 선진국에 비해서는 약한 편이지만 2007년 말부터 고용보험 부정수급 방지를 위해 노력하기 시작한 한국에 비해서는 상당히 앞서 있다. 3개국의 경험으로부터 다음과 같은 시사점을 도출할 수 있다.

첫째, 고용보험제도를 운용하는 정부의 정책방향이 고용보험 부정수급을 방지하기 위한 출발점이라는 것을 시사하고 있다. 선진국은 고용보험제도의 운용과정에서 더 많은 사람에게 더 많은 실업급여를 지급하는 것을 정책목표로 하는 것이 아니라 실업급여 수급자격자가 가급적 빠른 시일 내에 재취업할 수 있도록 지원하여 고용보험기금을 절약하고 부정수급을 방지하는 데 두고 있다. 우리나라가 2007년까지 실업급여 수혜율을 높이고 고용안정사업과 직업능력개발사업의 지원금을 확대하는 것을 정책목표로 삼았던 것은 일선고용지원센터에서 부정수급을 방지하고자 하는 노력을 기대할 수 없게 하였다는 점에서 문제가 많았다. 다른 선진국들이 '일을 통한 복지'를 슬로건으로 하여 실업급여 수급자의 적극적인 구직활동을 촉진하여 실업급여 지출액을 감소시키고 부정수급발생을 최소화하는데 역점을 두고 있음은 향후 우리나라 고용보험제도 운용에 있어서 깊은 성찰과 반성을 필요로 하고 있다.

둘째, 고용보험 부정수급의 규모를 정확하게 측정하고 부정수급의 발생경로와 원인을 과학적으로 규명하며, 부정수급자를 첨단 통계기법 및 전산시스템을 이용하여 부정수급이 적발될 수 있는 확률을 높이는 국가 인프라를 구축하는 것이 고용보험 부정수급을 방지하는데 있어서 매우 중요하다. 부정수급의 규모와 원인을 과학적으로 분석해낼수록 초기에는 과거에 드러나지 않았던 부정수급이 발견됨으로써 부정수급 규모가 크게 증가한다는 것을 선진국의 경험은 보여주고 있다. 노동부 내부 자료에 의하면 한국에서 실업급여 부정수급으로 적발된 건수와 금액은 2007년에 실업급여 부정수급자가 15,559명으로서 전체 실업급여수급자(854,400명)의 1.82%였고, 실업급여 부정수급액(108억 원)이 전체 실업급여 지급액(24,340억 원)의 약 0.44%였다. 부정수급이 적발된 것만으로 보면 한국의 부정수급률(0.44%)은 일본(0.07%)보다는 높지만 선진국 중에서 부정수급률이 낮은 편에 속한다고 스스로 자부하는 미국(8.3%)은 물론 독일(4.0%)에 비해서도 매우 낮은 수준이다.

그러나 현재 한국의 실업급여 부정수급액 규모가 미미하다는 것이 부정수급자체가 적다는 것을 의미하지는 않는다. 현재 한국의 고용보험 부정수급 적발건수와 금액이 적다는 것은 부정수급을 적발해 낼 수 있는 국가적 인프라가 그만큼 미흡하다는 것을 의미할 수도 있다. 고용보험 부정수급 적발건수와 적발금액이 적다고 하여 안심할 것이 아니라 고용보험 부정수급을 적발해 내기 위한 첨단 프로그램의 개발 및 보완 등 인프라를 선진화 하는데 노력하여야 할 것이다.

셋째, 선진국은 고용보험 부정수급을 적발하기 위해 과거에는 공공고용서비스기관 내에 조직과 인력을 두었으나 2000년대 들어서서는 공공고용서비스기관은 고객에게 최고의 서비스를 친절하게 제공하게 하고 부정수급의 의심이 가는 사람은 공공고용서비스기관과는 분리된 별도의 조직과 시설에서 부정수급 여부를 정밀하게 조사하는 방식을 취하고 있다. 즉, 고용서비스 제공과 부정수급 예방 및 적발 행정체계가의 분리가 세계적인 추세이며, 이러한 점은 현재 한국에서 고용지원센터 내에 부정수급 담당 조직과 인력을 두고 있는 점에 대해 세심한 재검토가 필요하다는 것을 시사하고 있다.

넷째, 고용보험제도의 부정수급은 부정수급의 방지 및 부정수급자에 대한 엄격한 법 집행을 위한 정부의 의지와 밀접한 관련을 가지고 있다. 아무리 부정수급 방지를 위한 인프라가 잘 구축되어 있고 관계법령이 엄격한 처벌을 명시하고 있다고 하더라도 정부가 부정수급방지를 위한 의지가 약할 경우 이러한 인프라와 법령은 제 기능을 발휘할 수가 없다. 영국의 고용연금부장관은 기회가 있을 때마다 언론 인터뷰나 공식 연설 등을 통해 "나는 부정수급과의 전쟁을 지휘하는 총사령관이다."라고 이야기를 하고, 고용연금부의 주요 정책목표 중의 하나로 연차별 부정수급 발생률 감소를 설정하여 이를 매월 점검하고, 부정수급 방지에 공을 세운 직원들을 공개적으로 표창할 뿐만 아니라 부정수급으로 인해 형사처벌을 받은 사례를 언론에 공개함으로써 부정수급에 대한 전 국민의 경각심을 불러일으키기 위해서 노력하고 있다. 이러한 노력의 결과, 영국의 실업급여수급자들은 과거에 비해 실업기간이 크게 단축되고 실업급여로 인한 지출액도 크게 감소되었다. 미국과 독일 등도 이러한 영국의 사례를 벤치마킹하여 상당한 성과를 거두고 있다. 한국의 경우 2007년 말부터 부정수급 방지를 위한 노력을 시작하였으나 아직까지 부정수급 방지를 위한 정부의 정책의지를 공개적으로 천명하지는 않고 있다. 이는 다른 선진국에서 실업급여 신청자의 20% 이상이 구직활동을 열심히 하지 않았다는 사유 등으로 실업급여를 신청하여도 실업급여를 받지 못하는데 반하여 한국은 실업급여 신청자 중 구직활동을 열심히 하지 않았다고 하여 실업급여를 받지 못하는 사람은 1%도 되지 않는다는 점에서 잘 나타나고 있다.

다섯째, 주요 고용보험 부정수급에 대한 처벌수준을 단계적으로 높여가는 것도 부정수급이 적발되었을 경우 입게 되는 기대손실을 크게 하여 부정수급을 감소시킬 수 있다. 앞서 살펴본 바와 같이 미국은 부정수급 적발을 위한 노력을 강화하는 것과 동시에 부정수급자에 대한 처벌을 매우 엄중하게 하고 있다. 한국의 경우 실업급여 부정수급자에 대해 부정행위가 고의·악질적인 경우에만 부정수급액의 상당한 부분을 한도로 추가징수하고 형법에 의한 형사처벌을 하고 있으나 이러한 처벌수준은 미국 등에 비해서는 크게 낮은 편이다. 부정수급을 하더라도 적발될 확률이 낮을 뿐만 아니라 적발이 되더라도 처벌수위가 낮다면 당연히 부정수급 발생을 억제하는 효과도 낮아질 수밖에 없다. 따라서 고용보험 부정수급방지를 위해서는 현재의 처벌수준을 재검토할 필요가 있을 것이다.

여섯째, 고용보험 부정수급의 적발을 위해서는 고도의 전문성이 필요하다. 선진국들은 고용보험 담당자의 전문성뿐만 아니라 부정수급 방지 및 적발 담당자의 전문성을 높이기 위해 다양한 교육훈련을 시행하고 있을 뿐만 아니라 같은 분야의 업무에서 최소한 10년 이상씩 종사하게 하고 있다. 그러나 한국은 공무원이 거의 매년 순환보직원칙에 따라 고용보험 부정수급 방지를 위한 전문적인 노하우가 축적되기도 어려운 실정에 있다. 결국 부정수급 방지업무 담당자에 대한 전문적인 교육과 인사체계를 재검토할 필요가 있다.[46]

---

46) 유길상, 앞의 논문, 67-71면 인용.

고용보험 실업급여 부정수급 방지정책

1) 부정수급조사 조직 및 인력 확대

부정수급조사를 위한 인적 물적 인프라 확대로 위해서 우선, 실업급여 부정수급에 대한 사후적 대책으로 실업급여 부정수급 방지를 위한 전담팀을 확대하고, 부정수급조사 인력도 증원할 필요성이다. 현재 9개 지방고용노동청 외에 38개 지방고용노동관서에는 부정수급조사 전담팀이 없고, 1~2명의 부정수급조사관만 배치되어 있어 부정수급 조사를 성실히 수행하기는 어렵다고 판단되므로 부정수급조사 전담팀이 없는 지역 중 부정수급 발생률이 높은 지역의 지방노동고용관서에 우선적으로 부정수급조사 전담팀을 조직하고, 적정 인력의 부정수급조사관을 배치하여야 한다.

다음으로 부정수급조사관련 인력의 운영제도를 개선하고, 조사업무 능력을 제고할 수 있도록 지원할 필요성이 있다는 것이다. 수당이나 승진 등 인센티브 제도를 마련하여 부정수급조사관이 해당 업무에 장기 근무할 수 있도록 유도하고, 직원들의 전문성을 제고할 수 있는 방안을 마련하여야 하고, 다양한 조사경험이나 조사기법 등에 대해서는 부정수급조사관들이 공유할 수 있도록 가이드라인을 마련하는 등 신규로 조사업무에 배치된 직원들이 조기에 적응할 수 있도록 지원하는 노력이 필요하다.

2) 부정수급 사전 방지시스템 강화

실업급여의 부정수급 문제는 부정수급자를 적발하여 환수조치 함으로써 부정수급에 대한 사후적 적발 실적을 제고하는 것도 중요하지만, 실업급여 신청단계에서 보다 엄격한 심사를 통해 부정수급을 원천적으로 차단하는 것이 더욱 중요하다. 또한, 거짓 또는 부정한 방법으로 실업급여가 지급된 이후에는 이를 적발하기 위해 별도의 조사 전담팀을 구성하거나 조사관을 파견하는 등 또 다른 행정력을 필요로 하고, 부정수급액 징수에 있어서도 미환수 금액이 발생할 수 있어 사후대책이 갖는 근본적인 한계가 있다.

따라서 실업급여를 비롯한 사회보장급여의 부정수급 문제가 심각했던 영국이나 미국의 최근 경향도 적발 위주의 사후대책보다 부정수급을 사전에 통제하는 방향으로 변화하고 있음에 주목할 필요가 있다.

영국의 경우 '적발에서 사전예방으로' 정책방향을 전환

하여 각종 데이터베이스와의 연계와 비교를 통해 부정수급 방지를 위해 노력하고 있다. 예를 들면, RTI(Real Time Information) 시스템과 국세청의 소득세시스템(Pay As You Earn: PAYE)을 실시간으로 연동시켜 근로자의 세금정보를 자동으로 파악하거나 민간회사(CIFAS: Credit Industry Fraud Avoidance Service)4)가 운영하는 각종 부정지급(fraud) 사례 등을 제공하는 데이터베이스를 공유하여 사전에 부정수급 여부를 탐지하고 분석하는 데 많은 투자를 하고 있다.

미국 역시 실업보험 재정 누수를 방지하고 실업급여 지출의 정확성을 위해 '부정수급' 통제에서 '부적정 지출' 통제로 정책의 방향을 전환하고 있다. 제도적으로 미국의 실업보험은 실업급여 지출에 따라 사업주의 보험료가 상승하는 '경험보율제도'로 사업주가 거짓이나 허위 정보를 제공하기 어렵지만, 정보인프라 측면에서 실업보험을 운영하는 주정부와 사업주간 이직 및 소득관련 정보를 상호 질의와 응답 방식을 통해 직접적으로 적시에 확인할 수 있도록 정보 교환시스템(State Information Data Exchange System: SIDES)을 구축·운영하고 있다.

결과적으로 실업급여를 비롯한 국가재정의 부정수급 방

지 대책은 선진국의 사례에서 보듯 사후통제적인 기획조사나 처벌강화 위주의 대책보다 다양한 정보 공유를 통한 선제적인 방지시스템 구축에 초점을 맞추어야 한다. 물론 개인정보보호 문제 등으로 금융기관 등의 정보 공유가 현실적으로 곤란하겠지만, 이에 대해서는 부정수급 여부 확인 목적에 한하여 정보를 활용할 수 있도록 하는 등 관련 법령의 입법적 검토가 병행되어야 할 것이다.

3) 부정수급관련 통계 관리 및 공표 의무화

부정수급 규모의 지속적 관리 및 공표는 적절한 부정수급 방지 대책을 수립하는 데 있어서 매우 중요하다. 객관적인 지표를 근거로 하지 않은 부정수급 방지대책은 부정수급 규모에 비해 과도한 방지 대책을 유도하여 행정의 낭비를 초래할 수 있다.

반대로 국민이 체감하는 이상으로 부정수급 현실이 심각함에도 미온적인 방지대책을 추진할 경우에는 부정수급이 더욱 확산될 수 있다. 따라서 정부가 추진하는 부정수급 방지대책에 대한 불필요한 오해와 저항을 줄이고, 국민적 공감을 토대로 협력을 유도하는 측면에서도 부정수급관련 통계나 객관적인 지표 구축과 공개는 매우 필요하다.

해외사례를 보면, 우선 미국의 경우 부정수급 규모를 매년 추정하고 방지대책을 대통령과 의회에 보고하도록 하는 법률(IPIA: Improper Payment Information Act)을 2002년 제정하여 정부의 부적정 지출 위험 측정을 의무화한 바 있다.

영국의 경우는 법률로 의무화되지는 않았지만, 고용연금부(Department for work & pensions)를 통해 매년 2회 부정수급관련 규모를 공표하고 있다. 영국이 공개하고 있는 사회보장급여의 부정수급 내용은 주거급여(housing benefit), 연금크레딧(pension credit), 취업보조수당(employment and support allowance), 구직수당(jobseeker's allowance) 등이다. 또한, 부정수급도 원인에 따라 사기(fraud), 신청오류(claimant error), 사무오류(official error) 등으로 구분하여 공개하고 있다.

따라서 우리나라에서도 실업급여의 부정수급 관련 통계를 정기적으로 작성하여 공표함으로써 부정수급의 규모나 증감추세를 지속적으로 추적하고, 부정수급 추이에 따른 적절한 방지대책을 수립할 필요가 있다. 현재 정부가 공표하는 부정수급 통계 자료가 없어 국민들이 부정수급 문제의 심각성을 인식하거나 정부가 추진하는 부정수급 방지

대책에 국민적 공감과 협력을 유도하기에 미흡한 면이 있으므로 관련 통계의 작성 및 공개를 의무화하는 방안을 고려해 볼 필요가 있다.

4) 사회안전망 확충을 통한 부정수급 방지

우리나라의 경우 생계형 부정수급이 상당규모에 이를 것으로 추정되기 때문에 실업급여 지급기간이나 지급액의 적절성 등 현행 실업급여제도가 갖고 있는 한계를 비롯해 사회안전망 확충 등에 대한 전반적인 검토가 필요하다.

선진국들에 비해 상대적으로 실업안전망이 미흡한 우리나라의 경우 다른 가족의 지원이나 별도의 생계수단이 없다면 실직은 곧 빈곤화를 의미하며, 이는 곧 실업급여만으로 생활하기 어려운 실직자들이 생계형 부정수급자로 전락할 수 있는 요인이 될 수 있다. 더구나 실업급여도 받지 못하고 경기악화 등으로 다른 사업장에 취업도 하지 못한 실직자들은 실직기간 동안 생활고를 감수해야 한다. 이처럼 실업급여를 받을 수 없거나 현행 수급액으로 생활유지가 곤란하여 부정수급을 하게 된 사례들이 증가하게 된다면 실업급여 지급액을 포함하여 사회안전망을 확충하는 노력을 통해 부정수급의 원인을 근원적으로 제거해 나가는 것도 하나의 방안이 될 수 있다.

　부정수급에 대한 적발이나 처벌강화와 함께 실직 대비 사회안전망을 확대해 나가야 정부의 부정수급 근절 대책에 대한 국민적 공감 역시 높아질 것이다. 실업급여 등 사회안전망이 확충되지 않은 상황에서 부정수급 단속을 강화할 경우 실직 근로자들의 반발과 저항을 불러오고, 지역경제의 위기와 더불어 사회불안 요인으로 확대될 수도 있다. 조선업의 구조조정으로 실업급여 소요재정이 증가하고 부정수급에 대한 우려가 높아지고 있는 현재 상황을 실업급여 제도를 보완하여 부정수급 위험에 선제적으로 대응할 수 있는 계기로 삼을 필요가 있다.[47]

---

47) 전형진, "실업급여 부정수급 방지대책 평가 및 개선방향", 국회입법조사처 국정감사 시정 및 처리결과 평가보고서, 2016, 21-27 재인용

제4장

능력중심 사회의
중심은 사람이다

능력중심사회의 꽃

"원전 지대에서 지진이 발생하였다. 어떻게 대처할 것인가?"

"지하철에 폭탄물이 설치되었다는 신고가 접수되었다. 어떤 조치를 취할 것인가?"

최근 한 방송사에서 인기리에 방영된'대선주자 국민면접'이라는 프로그램에서 유력 대선주자에게 던져진 예리한 질문들이다. 이 프로그램은 토론 방식의 기존 대선주자 검증 프로그램과 달리 국민들로 구성된 패널에게 대선주자가 면접을 받는 형식으로 구성되어 쏠쏠한 재미가 있었다. 시청자들은 방송에 출연한 유력 대선주자들이 '청와대에 취업'하기 위해 본인의 역량을 국민 면접관들에게 최대한 어필하느라 진땀을 흘리는 모습을 보면서 대통령이라는 직무에 적합한 능력은 무엇인지 생각해보는 시간이 되었을 것이다.

흥미로운 것은 이 방송에서 착안한 면접방식이 최근의 채용 트렌드인 NCS(국가직무능력표준)를 활용한 '능력중심 채용' 프로세스를 적용했다는 점이다. '능력중심 채용'은 학벌이나 스펙보다는 직무수행 현장에서 원하는 능력을 지원자가 갖추었는지를 평가하여 인재를 채용하도록 하는 것이다. 기업에서 신규직원을 채용할 때 어느 대학을 나왔는지가 아니라 '무엇을 할 수 있는지'를 보고 판단하겠다는 것이다.

능력중심 채용문화는 최근 우리사회가 직면하고 있는 엄청난 변화의 요구를 수용하기 위한 핵심 키워드로 강조되고 있다. 불필요한 스펙으로 사람을 평가하는 시스템으로 인해 발생한 사회적 낭비와 국민적 고통은 우리나라의 행복지수를 떨어뜨릴 만큼 막대한 지장을 초래했다. 좋은 스펙을 만들기 위해 초등학교 때부터 사교육에 매달리며, 자녀들을 양육하는 경제적 부담으로 출생률이 떨어지는 악순환을 끊어내어야 할 것이다.

삼국지에서 조조가 '오직 재능만이 인재 추천의 기준이다'[유재시거(唯才是擧)]며 철저하게 능력중심의 인재를 선발했다는 일화를 오늘날에 적용해보면, 대내외적으로 어려운 국가경제 상황일수록 '능력을 갖춘' 인재 양성의 중요성은 더욱 높아진다고 할 것이다. 대기업과 공공기관에 이어 중소기업까지 도입된 '능력중심 채용'을 통해 비로소 우리 아이들을 힘들게 하는 입시위주의 교육제도를 사람중심 교육으로 패러다임을 변화하는 동력이 되지 않을까?

올해는 봄의 전령사 벚꽃이 예년보다 일찍 개화했다. 작은 꽃잎이 하나둘 모여서 눈부신 벚꽃 터널을 만들어 내는 것처럼, 시민의 능력과 역량이 하나하나 모이면 슬기롭고 조화로운 선진사회로의 진입이 머지않았으리라. 대한민국도 능력으로 인정받고 숙련기술자들이 우대받는 능력중심·사람중심사회의 꽃이 활짝 피기를 기대해본다.

기업의 중장기 발전을 위한 교육훈련 투자

창원지역의 한 소규모 기업 A사는 잔업시간을 활용하여 '현장생산성 향상을 위한 프로세스 제작' 교육 등 한국산업인력공단에서 시행하는 '사업주 직업능력개발훈련(이하 사업주훈련)' 2개 과정을 개설하여 정부로부터 1,200만 원가량의 훈련비를 지원받았다. 기업에서는 동 훈련을 통하여 조직 구성원 및 부서 간 소통의 방법 전환을 통해 신바람 나는 조직문화를 정착하는 계기가 되었다고 한다. 아울러 기계적으로 되풀이되던 생산현장의 문제점들을 외부에서 초빙한 전문 강사의 시각으로 공유하는 시간을 가지게 되어 생산 프로세스 변화를 이끌어내는데 성공했다. 이러한 노력들이 생산비 절감을 통해 장기적으로 상당한 수준의 매출 향상에 기여할 것이라는 기대를 가지게 되었다고 한다.

조선업에 종사하고 있는 중견기업 B사는 조선업계의 어려운 경영환경을 돌파하기 위해 3개월에 걸쳐 7,000여만 원을 지원받으며, 유휴인력 25명에 대한 유급휴가 훈련을 실시하였다. 결과적으로 위기에 몰린 조선업체에서 정부지원제도를 활용하여 일거리 부족으로 이직 위기에 몰린 핵심인력을 계속 고용할 수 있게 되었다.

이렇듯이 최근 조선업으로 어려움을 겪고 있는 경남지역에서 고용보험기금으로 훈련비를 지원하는 사업주훈련이 큰 호응을 얻고 있다. 올해 상반기에만 창원, 거제, 사천 등 경남의 주요 산업단지가 소재한 지역을 중심으로 6,000여 개의 사업장에서 사업주훈련에 참여하고 있다. 이는 전년 동기간 대비 22.5% 증가한 수치이다. 지원한 훈련비만도 80억 원이 넘는다.

사업주훈련은 고용보험에 가입한 사업장의 재직자, 채용예정자 등을 대상으로 업무에 관련한 직무교육을 실시하고자 할 때 훈련에 소요되는 비용 일부를 지원하는 제도이다. 2014년도부터는 기업의 요구에 부응하여 외국어 과정도 지원하고 있다.

훈련은 우선지원대상 기업 기준으로 최소 8시간 이상의 훈련을 소화하면 훈련비를 지원받게 된다.

그러나 여전히 사업주훈련에 대한 정보가 없어 활용하지 못하는 기업이 너무나 많다. 전국적으로 보면 우리나라 전체의 10% 미만 사업장에서 사업주훈련에 참여하고 있는 실정이다. 대부분은 소속 근로자에 대한 생산 활동과 관련하여 교육훈련 시간에 투자하기 어렵다는 현실과 교육훈련의 필요성에 대한 의문을 갖는 시각이 지배적인 것 같다.

사업주훈련은 고용보험에 가입한 모든 사업장에서 근로자의 직무수행능력을 습득하거나 향상시킬 목적으로 언제든지 실시가 가능하다. 훈련에 소요되는 비용의 지원금(환급액)도 전년도 납부한 고용보험료에 따라 차이가 나지만, 비록 소규모 사업장이라 할지라도 최소 500만 원 이상은 지원되므로 사업주로서는 소속된 근로자의 능력개발을 위해 충분히 활용할 수 있을 것이다.

훈련을 하는 방법도 다양하다. 강의실에서 집중적으로 실시하는 집체훈련, 생산현장에서 실시하는 현장훈련 및 최근에 각광받고 있는 인터넷 수강 교육(원격훈련) 등이 있다.

훈련을 실시하는 주체에 따라서도 사업장에서 직접 훈련과정을 개설하는 자체훈련과, 전문훈련기관에 위탁한 훈련도 가능하다. 위탁훈련을 할 경우 별도의 훈련시설과

훈련을 진행하는 담당자의 소모적인 노력 없이도 쉽게 전문적인 훈련을 할 수 있는 장점이 있다.

새롭게 시작하는 스타트업과 이미 자리 잡은 중소기업에서 사업주훈련을 통해 중장기적인 발전을 모색하는 계기가 되었으면 한다.

지식정보 시대의 능력개발

올해 신규채용을 계획하고 있는 기업의 5개 중 1개 기업에서 '블라인드 채용'을 계획하고 있다고 한다. '블라인드 채용'은 학벌, 자격증 그리고 인턴 경험 등이 아닌 오로지 업무 능력만을 보고 뽑겠다는 취지로 도입된 채용 제도이다. 정부가 직무역량과 무관한 학력, 신체조건 등의 조건을 배제하고 사람중심·능력중심의 채용시스템으로서의 장점을 부각하며 적극 권장하고 있어 대다수의 공공기관에서도 도입하고 있는 추세이다.

채용방식도 일종의 유행과 흐름을 타는 현상이 나타나는데, 최근에는 사람을 선택하는 방식이 스펙보다 역량과 능력, 그리고 인성이라는 기준이 대세라는 것을 알 수 있다. 사실 산업화가 급속도로 확산하던 시절에는 개인이 가진 역량이나 발전성보다는 인위적으로 만든 스펙이 중요한 인재선택의 포인트였다는 것을 인정하지 않을 수 없다.

블라인드 채용의 핵심은 역시 조직에 필요한 인재로서의 '업무해결 능력'이다. 이러한 능력을 검증하는 가장 좋은 수단은 무엇보다 '일 경험을 얼마나 했느냐'라는 것이다수의 의견이다. 그러나 사실 노동시장에 신규로 진입하는 청년들이 기업의 채용담당자 입맛(?)에 맞는 경험적 지식을 전달하기란 말처럼 쉽지 않은 일이다.

이러한 사회 분위기는 미디어에서도 나타난다. 지식정보 프로그램이 하나둘씩 생기더니 어느새 시청자들을 사로잡고 있다. 최근에 시청자들에게 쏠쏠한 재미를 주며 인기를 얻고 있는 '알아두면 쓸데없는 신비한 잡학사전'은 다양한 분야의 전문가들이 나와 각자의 지식과 경험을 바탕으로 시청자들에게 깨알 같은 잡학지식을 제공해주는 역할을 하며 벌써 시즌2까지 방영하고 있다. 프리미엄 특강쇼를 표방한 '어쩌다 어른'이라는 프로그램에서는 경제·역사·심리 등 그동안 소외되었던 인문학 열풍을 일으키며 평범한 우리 삶에 지식에 대한 향수를 일으키고 있다.

경험적 지식과 직무 Know-how에 대한 열망은 비단 청년들에게만 해당되는 것은 아닐 것이다. 지금의 노동환경은 방대한 정보력과 기술력으로 하루가 무섭게 변화하고 있다. 4차 산업혁명이라는 거대한 변화 앞에 우리가 가진 능력이 하루아침에 쓸모없이 전락할 것이라는 불안감도 내재하고 있는 상황이다.

이러한 어려운 여건에서도 직원들에 대한 과감한 능력개발 투자를 통해 글로벌 기업으로 성장하고 있는 중소기업의 사례가 있어 귀감이 되고 있다.

이 기업에서는 신입사원을 채용하면 4주간의 '채용예정자 훈련'을 통해 기업의 비전과 회사에서 필요로 하는 직무에 대한 기초역량을 갖추도록 한다. 신규직원들이 회사에 대한 전반적인 분위기를 익힐 무렵인 입사 2개월 째부터는 1년 동안 '일학습병행제'를 통해 실무적인 업무를 현장의 직·반장급으로부터 직접 전수를 받으며 핵심인력으로 거듭난다. 기존 직원들은 총 5개의 '학습조'가 매월 2회씩 조별 모임을 통해 소통의 시간을 갖고 있다. 학습조마다 생산프로세스 개선, 낭비요인 발굴 등의 과제에 대한 해답을 찾는 활동을 통해 서로 간의 업무에 대해 소통하고 애사심을 발휘하는 기회를 제공한다. 조직원들의 샐러던트(Saladent=salaryman+student)화를 통해 노와 사가 win-win하고 있다는 평가를 받고 있다.

결국, 지식정보가 넘쳐나는 불확실성의 시대에서도 능력개발은 서로에 대한 이해로부터 출발해야 할 것이다. 기업에서는 교육훈련제공을 통한 근로자의 복지환원으로,

근로자는 개인의 직무능력향상을 통한 조직에 대한 기여로, 기술혁명의 세상을 만들어갔으면 한다.

포스트 코로나 시대의 기술트렌드 변화

지난 9월 초 전라북도에서는 숙련기술인들의 잔치인 전국기능경기대회가 개최되었다. 이번 기능경기대회는 사상 초유의 코로나19 펜데믹 상황에서 철저하게 방역수칙을 준수한 상태로 진행하여 성공리에 막을 내렸다.

우리 경남선수단은 47개 직종에 144명의 대표선수가 출전하여 전국 5위의 우수한 성적을 올렸다. 전년도 대회(9위)보다 4계단이나 상승한 결과로 유난히 길었던 장마와 최악의 무더위 속에서 묵묵히 기능을 연마하며 이루어낸 빛나는 성과이다. 특히, 코로나19로 인하여 대회의 개최 여부가 불투명한 상황에서도 훈련을 포기하지 않고 달성한 쾌거에 우리 경남선수단에게 뜨거운 찬사를 보낸다.

이번 2020 제55회 전국기능경기대회는 코로나 확산 방지라는 과제를 안고 어렵게 열렸다. 전라북도로 모이는 전국 각지의 선수단에게 많은 걱정어린 시선이 있었음에도 대회조직위에서는 철저한 방역과 참가자들의 감염예방 협조를 얻어내며 성공적인 대회를 마치는 저력을 발휘했다.

오히려 사상 초유의 코로나 사태 속에서 펼쳐진 이번 대회가 팬데믹(pandemic) 시대의 한가운데서 불가피하게 개최하는 각종 대회·행사 운영의 롤모델을 창출해 내었다. 돌발적으로 발생하는 바이러스 감염사태를 미연에 방지하기 위해 '경기장 사전예약시스템'을 구동하여 필수인원을 출입할 수 있도록 구동하였고, 경기장 진입 절차를 단순화하면서도 방역상태를 유지할 수 있도록 휴대폰 QR코드 체크 방식을 도입하여 원활한 대회운영이 가능하도록 설계하였다. 비대면 상태에서 실시간 모니터링이 가능한 모바일 채점시스템과 개·폐회식 등의 공식행사를 영상으로 온 국민이 시청할 수 있도록 송출하는 기술력은 지금까지 없었던 온텍트(ontact) 기능경기대회의 가능성을 제시해주었다.

무엇보다 소중한 성과는 대회에 참가한 선수 및 관계자들의 자발적인 생활방역 실천 마인드와 온텍트 시대의 새로운 시스템에 뒤처지지 않고 완벽하게 적용해내는 참가자들의 '일상화된 디지털 능력'이었다. 변화하고 있는 사회적 제도와 시스템을 능동적으로 운용하는 국민들의 디지털 능력은 기술한국의 또다른 장점임을 증명해 내었다.

우리 국민들은 이미 코로나19의 여파 속에서 자율적인

방역과 정부정책의 적극적 동참으로 선진국에서도 부러워할 정도로 잘 대처해가는 새로운 방역기술을 보여주었다. 이동제한, 지역봉쇄 등 국민의 기본권을 침해하지 않고도 바이러스 확산을 막아내는 체계적인 방역시스템에 'K-방역'으로 불리며 전 세계는 극찬했을 정도이다. 세계 각국에서 'K-방역' 모델을 잇달아 채택하면서 방역 관련 제품의 수출이 역대급 기록을 올리고 있고, 세계 속의 기술 한국으로서의 위상과 국격을 높여주고 있다.

코로나19가 4차 산업혁명을 더욱더 촉발할 것이라는 전망으로 볼 때, 이제는 코로나 이후에 펼쳐질 미래산업의 대비도 절실하다. 코로나 이후의 산업체계는 5G, 인공지능, 빅데이터 증강현실 등의 기술을 급속도로 모든 공장, 기업, 가정에 보급할 것이다. 비대면을 통한 원격회의와 학교에의 수업은 일상화될 것이고, 기업체의 교육훈련에서 이미 도입된 쌍방방향 플랫폼을 기반한 비대면 학습기법은 생산 활동 전반으로 확산될 것이다.

조선·기계·항공 등 주력산업 불황으로 고전하고 있는 우리 경남의 경제도 새로운 패러다임이 필요한 시점이다. 국가적으로도 큰 관심을 가지고 있는 경남뉴딜 정책의 성공을 좌우할 핵심이 민간동력임을 감안할 때, 경남이 보유한 숙련기술인들이야말로 경남의 미래를 짊어질 소중한 인적자원임이 틀림없다.

전국기능경기대회에서 활약한 경남선수단에 다시 한번 뜨거운 박수를 보내며, 이번 대회에서 배출한 144명의 예비 숙련기술인들이 열정과 꿈을 잃지 않고 경상남도의 기술을 세계 속에서 펼쳐나가길 기대한다.

영화 국제시장 '덕수'씨의 진로 선택

영화 '국제시장'은 1960~1970년대에 청춘을 보낸 '아버지 세대'의 가족애를 현재의 여러 세대가 공감할 수준으로 잔잔하게 담아내고 있다. 윤제균 감독은 주인공인 '덕수'라는 인물을 통해, 힘들어도 눈물을 삼키며 오직 가족을 위해 평생을 굳세게 살아온 우리 시대의 아버지 이야기를 가슴 찡하게 만들어 냈다.

가장 기억에 남는 장면 중 하나가 "인생은 타이밍이다"라고 주인공이 외치는 부분이다. 우리의 삶은 매 순간 '이리 갈까 저리 갈까, 할까 말까'하는 선택의 갈림길에 서 있다. 우리 시대의 젊은이들은 어떤 선택에서 고민을 많이 할까? 아마도 진학과 취업의 선택 문제가 그중 하나일 것이다.

대학졸업자의 취업난과 기업의 인력난과의 미스매치가 발생하는 가운데 2014년도 고용동향에 따르면 우리나라 청년실업률이 8.5%로 전 연령대 평균 실업률(3%)의 3배에 육박하고 있다는 통계(한국고용정보원)가 나왔다.

정부는 고용률을 높이고 청년실업 해소를 위해 작년부

터 일학습병행제도를 도입해 능력중심사회를 구현하기 위한 정책을 추진하고 있다. 이는 청년들이 조기에 기업에 학습근로자로 근무하면서 일과 함께 현장에서 필요한 기술을 배우고 일정한 평가 기준에 합격하면 자격증 또는 학위(학위연계형의 경우)를 받을 수 있는 제도이다. 기업에게는 정부가 일정 비용(훈련비, 학습근로자 채용지원금, 기업현장교사 및 행정담당자 수당, 훈련 프로그램개발비 등)을 지원한다.

지난해 고졸 취업자가 처음으로 1,000만 명을 돌파하고, 대학진학률은 2008년 83.8%로 정점을 찍은 이후 70%까지 떨어졌다고 한다. 고학력 취업난이 가중되는 가운데 학력보다 능력을 중시하는 능력중심사회로 나아가야 고용시장이 안정화되고 경제가 더욱 굳건해질 것이다.

경남지역에는 2014년 2월 현재 155개 일학습병행기업이 선정돼 훈련프로그램 개발을 완료한 58개 기업에서 300여 명의 학습근로자가 일학습병행 교육훈련을 진행하고 있다. 올 연말까지 120여 개 기업을 추가로 선정해 1,000명 정도의 젊은이들이 일학습병행 기업에 취업할 수 있도록 지원할 계획이다. 지금 내가 하고 싶은 일을 먼저 하고, 대학은 필요하다고 생각하는 때에 가는 것이 올바른 순서일 것이다.

　진학과 취업을 고민하는 학생이라면 '일·학습병행제'의 참여를 적극적으로 권장하고 싶다. 일찍 산업현장에서 체계적인 전문 기술을 배워 자신의 능력을 키우면서 경제적인 독립도 하고, 다른 사람들보다 일찍 사회생활을 하는 것이 국제시장 주인공 '덕수'와 함께 가는 길이다.

능력이 만드는 성공시대, 일학습병행제

요즘 20~30세 젊은이들을 '삼포세대'라고 지칭하는 말을 많이 듣는다. 연애도, 결혼도, 출산도 포기할 수밖에 없는 우리 청년들의 아픈 자화상을 드러내는 말이다.

특성화고 교장선생님들은 재학생(졸업예정자)들의 현장실습이 기대에 못 미친다고 걱정을 많이 한다. 현장실습은 학생들이 기업으로 진출을 해 학교에서 배운 전문지식과 기술을 발휘하고 부족한 점을 보완해 그 기업의 핵심인재로 성장하기 위한 첫걸음이다.

그러나 현실은 학생들이 가진 이상과는 많이 동떨어진 것이 사실이다. 체계적인 현장훈련을 통해 보다 넓은 전문기술을 습득하기보다 단순조립이나 잔심부름을 하는 경우가 태반이고, 그나마 현장 선배들의 무관심으로 일에 재미를 붙이기도 전에 포기해 대학 진학 쪽으로 진로를 바꾸는 사례도 자주 발생한다고 한다.

올해부터 박근혜 정부의 핵심 국정과제인 '학벌이 아닌 능력중심사회 기반 마련'을 실현하기 위해서 지역과 산업계가 주도하는 현장중심의 인재양성 및 능력계발을 하고

자 '국가직무능력표준 체계 구축', '한국형 일학습병행제 도입'을 추진하고 있다. 능력중심사회가 실현돼야 노동시장-교육시장 간 고질적인 일자리 미스매치가 해소돼 인적자원을 적재적소에 배치할 수 있고, 근로자의 생산성 향상을 꾀할 수 있다.

일학습병행제가 시행된 이후 경남지역에만 130개 기업에서 참여하고 있으며 시설미흡 등으로 자체 훈련역량이 부족한 기업체들을 위해 듀얼 공동훈련센터로 지역거점 3개 훈련기관을 선정해 현장훈련을 지원하고 있다. 또한 창원기계공고가 스위스 도제식 직업교육 시범학교로 선정돼 내년에 입학하는 2개 반을 대상으로 도제교육 과정을 운영한다. 도제교육 과정에 선발된 학생들은 2학년부터 학교와 기업을 격주로 오가며 NCS 기반의 현장중심 교육훈련에 참여하게 된다.

2022년 8월부터 특성화고 현장실습생에 대한 훈련 인프라 지원을 위해 체계적인 현장훈련기업 육성사업이 진행되고 있다. 특성화고 재학생을 인턴사원으로 채용하기 위해서는 일학습병행제나 체계적 현장훈련기업으로 선정이 돼야 가능하도록 해서 기업이 젊은 청년들의 교육훈련에 일정부분 관심과 책임을 질 수 있도록 제도적인 장치를 만들었다.

일학습병행제 및 도제제도 등 지역·현장맞춤 교육훈련 제도가 성공하려면 일자리 주체인 산업계의 협조가 무엇보다 중요하다. 기업은 근무여건 개선, 체계적인 훈련 제공 등을 통해 기술 인력을 직접 키워내는 쪽으로 채용문화를 바꾸고, 산업계는 기업에서 얻은 훈련 성과와 근무기간을 정당하게 인정받을 수 있는 토양을 만들어줘야 할 것이다. 이렇게 도입하는 일학습병행제는 직업교육훈련의 패러다임을 학교에서 현장 중심으로 전환하는 출발점이 되며 산업현장 중심의 직업능력계발 체계를 구축하는 출발점이 될 것이다.

산업현장에서 인력난을 겪고 있는 가운데 학벌지상주의로 고학력 실업자만 양산되고 있다. 이런 상황에서 일학습병행제는 인력 미스매치 문제를 해소하고, 학벌이 아닌 능력으로 인정받는 사회를 만들어가는 초석이 될 것이다. 좋은 인재가 없어 고민하는 기업체의 CEO와 스펙 쌓기에 시간을 낭비하고 있는 구직자들에게 일학습병행제 참여를 적극 권장해 본다.

능력개발이
기회의 시작이다

인 쇄 일 2023년 1월 20일
발 행 일 2023년 1월 30일

글 쓴 이 김종득
발 행 인 이문희
펴 낸 곳 도서출판 곰단지
출 판 등 록 2020년 12월 23일 제 2020-000020 호
주   소 경상남도 진주시 동부로 169번길 12 윙스타워 A동 1007호
전   화 070-7677-1622
F A X 070-7610-7107
전 자 우 편 gomdanjee@daum.net

I S B N 979-11-89773-60-1 13330